学校体育教学优化理论
与方法创新研究

郭佳锋　于兴洲　赵林峰◎著

吉林出版集团股份有限公司

全国百佳图书出版单位

图书在版编目（CIP）数据

学校体育教学优化理论与方法创新研究 / 郭佳锋，于兴洲，赵林峰著 . -- 长春 : 吉林出版集团股份有限公司 , 2024. 8. -- ISBN 978-7-5731-5716-4

Ⅰ . G807.01

中国国家版本馆 CIP 数据核字第 202413LY38 号

学校体育教学优化理论与方法创新研究

XUEXIAO TIYU JIAOXUE YOUHUA LILUN YU FANGFA CHUANGXIN YANJIU

著　　者	郭佳锋　于兴洲　赵林峰
责任编辑	黄　群　杜　琳
封面设计	张　肖
开　　本	710mm×1000mm　　　　1/16
字　　数	230 千
印　　张	14.25
版　　次	2025 年 1 月第 1 版
印　　次	2025 年 1 月第 1 次印刷
印　　刷	天津和萱印刷有限公司

出　　版	吉林出版集团股份有限公司
发　　行	吉林出版集团股份有限公司
地　　址	吉林省长春市福祉大路 5788 号
邮　　编	130000
电　　话	0431–81629968
邮　　箱	11915286@qq.com
书　　号	ISBN 978-7-5731-5716-4
定　　价	87.00 元

前　言

在学校体育教学不断完善的今天，学校体育教学呈现出以学校体育为基础、寻求人的自由、重视人的价值预期的特点。作为高等教育的重要组成部分，学校体育正逐渐发展成为一种与人的生活紧密联系的、重要的教育方式，这就要求学校要综合考虑学校未来发展的要求和现实的体育教育环境的要求。因为体育教学活动均是在体育教学优化中进行的，所以体育教学优化被视作体育教学活动中重要的基础组成部分。体育教学不仅影响着体育教学的组织与安排，还在某种程度上左右着大学生未来的发展。相关人士应对学校体育教学活动的地位与作用进行深入探讨。

本书从我国体育事业的发展和体育改革的实践出发，为体育改革提供了相应的理论模式或理论参考。通过学习，体育教师要能够运用相应的理论知识，正确认识和理解体育实践中的问题，提高分析问题和解决问题的能力，促进未来工作的顺利进行。伴随体育教学改革的逐步深入，体育教学改革研究的成果越来越多，在这样的情况下，作者主要针对体育教学创新与运动训练展开研究，旨在为体育教学改革创新发展与运动训练的科学化发展提供一定的理论参考，作出一定的贡献。本书由三部分组成：

第一部分由佳木斯大学的郭佳锋编写完成，即第一章、第二章、第三章，共计三章的内容；

第二部分由佳木斯大学的于兴洲编写完成，即第四章、第五章、第六章，共计三章的内容；

第三部分由锦州师范高等专科学校的赵林峰编写完成，即第七章、第八章、第九章，共计三章的内容以及前言内容和参考文献。

在体育教学优化不断发展和改革的进程中，体育教学优化理论也在不断地进步和发展。本书在撰写过程中汲取了国内外众多专家、学者在体育教学优化理论与实践发展等方面的成果，在此表示诚挚的谢意！由于作者水平有限，错误和不当之处在所难免，恳请广大读者在使用中多提宝贵意见，以便本书的修改和完善。

作者

2024 年 2 月

目录

第一章　学校体育的缘由

第一节　国外学校体育的产生与发展概况

国外学校体育兴起于古希腊，在中世纪受到宗教神学的黑暗统治而面临衰亡，后因文艺复兴、宗教改革和启蒙运动而得到复苏，并随着社会进步而不断发展成熟。了解国外学校体育的产生与发展，掌握其发展规律和趋势，有助于人们全面把握学校体育的概况，为理解和掌握我国学校体育的发展奠定基础。

纵观国外学校体育的产生与发展，可以分为三大阶段：

第一，古希腊到中世纪学校体育的产生，主要包括古希腊的体育教育、古罗马的体育教育与欧洲中世纪的体育教育。

第二，西方近代学校体育的形成，主要包括文艺复兴与宗教改革时期的学校体育、启蒙运动时期的学校体育。

第三，西方现代学校体育的发展，主要包括欧美国家学校体育发展概况、西方现代学校体育发展趋势等。

一、古希腊到中世纪学校体育的产生

（一）古希腊的学校体育

古希腊是西方体育的源头，体育在古希腊社会中的地位是举足轻重的，古希腊的学校体育也随着社会进步及教育、体育的发展而发展。

1. 克里特的学校体育

克里特岛是欧洲最早出现文明的地方。克里特文明由素有"民众的牧者"之称的克里特国王——米诺斯开创，克里特文明在古希腊历史上具有重要的历史地位与影响。培养合格的公民是克里特教育的目的。克里特围绕该目标制定了一套完整的教育制度。在克里特的法律规定中，包含着公餐、体操和军事等内容，从而实现了法律与教育制度的融合。

第一，公餐制度。这一制度是为了满足战争需要而形成的一种神圣的仪式与习俗，具有明显的宗教色彩，为当时缺乏安全感的民众寻找一种信念或信仰，从而凝聚他们的意志。

第二，体育训练。身体的强壮是公民保卫城邦的前提条件，因此在当时被认为是一种美德。当时为了锻炼公民的身体举行了一系列的体育活动，如拳击、射箭、角斗等。[①]

第三，抚牛腾跃。这是祭祀大女神的一种宗教活动，与体操运动类似。当时，不管是在神话中或是在世俗中，牛神对克里特人来说都具有特别的意义，具有举足轻重的地位。战俘表演、成人礼等无不表现出生命的激情与体魄的强健。

第四，战斗舞蹈。这是一种舞蹈仪式，目的是保护幼年的宙斯。舞者手持短剑和盾牌相互敲击、呐喊和操演，这些舞者即宙斯的养护人。这种舞蹈衍生于神话，集宗教、艺术、军事、体育等色彩于一体，是克里特的独特文化。

克里特文化从制度上保证了它的文化习俗能与宗教、军事、体育、艺术等因素相结合，影响着欧洲古文明的演进。其蕴含于法律、教育制度和习俗中的体育因素使军事体育在迈锡尼文明中得到了延续和进一步的发展。

2. 迈锡尼的学校体育

迈锡尼文明延续和发展了克里特文明，是古希腊青铜时代的文明，产生了很多古希腊文学和神话，如《荷马史诗》《奥德赛》等。这一历史时期盛极一时，贵族式的圆顶墓穴、阿特柔斯的宝藏、珀尔修斯的城垣和狮子门、阿伽门农的黄金面具等都是其繁盛的代表。

在迈锡尼时期，体育竞技会在战争、宗教、休闲、娱乐等各个方面都被赋予

---

① 张春兴.现代心理学[M].上海：上海人民出版社，1994.

一种神圣的意味，代表着高贵的地位、身份以及英雄的品行。《荷马史诗》《奥德赛》对丧葬竞技与展演有很多详细的描述，如帕特罗克洛斯竞技葬礼、阿喀琉斯竞技葬礼，从体育的角度展现出了迈锡尼人贵族式的生活。

第一，传统教育。继承和延续文化传统是教育的重要内容，体育是希腊文化的重要组成部分，体育竞技会也成为希腊民族精神传递的媒介及文化符号。

第二，身份教养。体育竞技会的参与对象是贵族、英雄等身份高贵的人，他们对身体进行锻炼，这是优良血统赋予其的权利和义务。

第三，宗教祭祀。丧葬竞技仪式给人以信仰，给人以心灵的寄托，给人以信赖，更让希腊英雄们感受到无上的尊敬与荣誉。

第四，战争演练。为了适应战争的需要，体育竞技提供了最好的演练方式和演练机会，更是对人的身体进行训练的最好途径，磨炼人的意志，教会人们怎样追求荣誉、创造战功。[①]

第五，民族精神。迈锡尼文明从公元前 1200 年开始呈现衰败之势，后多利亚人南侵，宣告了迈锡尼文明的灭亡。在迈锡尼文明灭亡之际，体育竞技将希腊民族精神展现于竞技场上，还将体育的接力棒传递给了多利安人。

3. 斯巴达的学校体育

公元前 8 世纪，斯巴达人建立了古希腊最大的城邦。为了维护统治，斯巴达的所有人都被编入了军队，"军事化"成为城邦最典型的特点，城邦成为制造战士的机器。这使得斯巴达的教育在实质上演化为单纯的军事体育、军事训练。"五项竞技"（赛跑、跳跃、角力、掷铁饼、投标枪）是斯巴达军事体育训练的基本项目。

斯巴达的法律规定，婴儿出生就要接受严格的检查，如用葡萄酒洗浴，以检查是否患有癫痫和其他疾病，并要送到城邦元老处判断体格和意志。只有检查合格的婴儿才能交由父母抚养。7 岁前，幼儿由父母教养。7 岁后，男孩儿被送往国家设立的学校接受教育。在这种学校内，有一名监督官和几名助手——"持鞭者"负责组织、管理工作。青少年直到 18 岁，要一直接受军事训练，缺衣少食、睡地面或茅草、行窃即被鞭打等成为生活常态，以便更好地适应战时生活。在阿尔特弥斯（月亮和狩猎女神）的祭典期间，青少年必须在女神的祭台前接受鞭打，

---

① 周西宽.体育基本理论 [M]. 北京：人民体育出版社，2006.

他们的父母在人群中观看并鼓励人们用力抽打自己的孩子。青少年咬紧牙关硬挺着，有的宁愿死于鞭下，也不肯哼一声。坚持下来的青少年便获得"祭坛征服者"的美称。年满 18 岁，青少年就可以接受王家卫队"希帕格瑞忒斯"的挑选，参加正规军事训练，并在军官的带领下参加袭击希洛人的秘密行动。经过 2 年的磨炼，当 20 岁时，他们开始服兵役，成为一名真正的"斯巴达人"。另外，斯巴达的女孩儿也被允许参加军事体育活动或训练，作为生育合格的战士，在男子出征后，她们能够承担守城的战务。

斯巴达的军事体育制度培育出了一支猛兽般的军队，也使得体育与人们的生活融合在了一起，培养了城邦居民良好的身体素质。但是，这项制度却忽视了文化教育，因而，在古希腊文学、艺术、哲学等方面，鲜少留下痕迹。

4. 雅典的学校体育

古希腊城邦国家建立在氏族的基础上。其中，雅典在很长一段时间里是贵族统治的城邦国家。公元前 500 年左右，随着贵族与非贵族之间矛盾的日益尖锐，雅典城邦进行了梭伦改革，至此雅典成为奴隶制民主城邦国家。相对于斯巴达，雅典地理环境比较优越，地处沿海地带，气候好、海港多，工商业发展较好，是古希腊的工商业中心。

在教育方面，与斯巴达将教育局限于军事体育与军事训练不同，雅典提倡的是身心和谐，推崇全面发展，将德、智、体、美结合起来，教育内容、方法都更加丰富、灵活。雅典的学校一般分为文法学校和音乐学校、体操学校、国家体育馆、青年军事训练团四级，由此可以看出体育在雅典学校教育中的重要性。雅典不但重视和推崇体育，而且将音乐与体育置于相同的地位，同时将文法、修辞、几何也纳入学校教育，以培养思考能力。[1] 在战争频繁的希腊城邦时代，即使雅典体育具有强烈的军事性质，雅典也没有像斯巴达那样把体育的目标限制于狭隘的军事范围，雅典人对体育有更多、更高的追求。他们把身体匀称、动作协调视为一种美，反之则视为一种耻辱，甚至把裸体竞技优胜者作为绘画、雕塑等的素材。

在雅典，儿童 7 岁前在家接受教育，父母指导他们做适应于该年龄阶段的游

---

① 社会科学院.现代汉语词典 [M].北京：商务印书馆，2002.

戏,如玩小球、掷骰子等;7~14岁,会涉及简单的体操动作,使姿势正确、举止优美,更重要的则是在文法学校和音乐学校进行计算、书写、阅读、音乐和颂诗等知识的教学;14岁以后在体操学校开展较为正规的体育训练,学习"五项运动"——赛跑、跳远、投标枪、掷铁饼和摔跤,另外还有游泳、舞蹈学习等;16岁后转入角力学校——体操馆,继续练习体操和五项运动;18岁接受2年严格的军事体育教育并见习;20岁成为正式的公民,享有权利与义务。但是,雅典的教育男女有别,妇女没有受教育的权利。

(二)古罗马的学校体育

古罗马社会可以分为王政时期、共和时期、帝国时期三个时期。

1. 王政时期

顾名思义就是指有国王的时期,国家大权主要由以国王为代表的贵族掌握。但是,国王并不一定是罗马人。当时的罗马常常受到外族的统治,尤其是意大利南部的伊特鲁利亚人,伊特鲁利亚人非常喜欢体育运动和竞技比赛,经常举办斗兽、赛车、拳击、摔跤、舞蹈等活动。王政时期的教育目的是培养既可以劳动又可以守护和保卫劳动地区的农民军人。教育内容主要包括道德教育(忠于国家)和身体训练(军事和劳动技术)。教育形式以家庭教育为主。当时,父亲是家庭的主心骨,决定着新生儿的命运。一方面,父母从小就会教育孩子爱国、敬神、尊老等,培养他们忠诚的品质和勇敢的精神;另一方面,父母会指导孩子学习骑射、角力、游泳等技能以及使用武器的方法,从而培养出一名优秀的战士。虽然当时的教育也会涉及一部分阅读、计算等知识的学习,却远不及体育教育的意义。在王政时期,除了家庭体育训练,还会在一些宗教庆典活动中进行体育教育。

2. 共和时期

约公元前500年以后,王政结束了,进入了共和时期。罗马国家的繁荣就建立在战争和奴隶的基础上,成为典型的奴隶制国家。罗马穷兵黩武,晚期的共和国时代各种矛盾尖锐,如对奴隶非常残酷,导致奴隶起义等。角斗士是罗马精神的代名词,对奴隶而言,也是凶残与血腥的代名词。在圆形角斗场内,上演着奴隶之间的残杀、角斗士与野兽搏斗的场景,更多的是角斗士鲜血淋漓,甚至毙命。罗马贵族们却高坐在看台上欢呼、欣赏角斗士的哀号。古罗马角斗竞技虽然充斥着杀戮与决斗，却是西方体育运动发展的一个重要阶段，是体育运动的另一种展现与延续。

3. 帝国时期

约公元前 27 年，屋大维接受"皇帝"称号（原本是"大将军"的意思），但他不愿意称自己是"皇帝"，而是用了另一个头衔"奥古斯都"，由此共和国转变为帝国，皇帝是最高统治者，军人逐渐走向职业化，而普通公民则不再需要参加军事训练。[①] 罗马贵族崇尚演说雄辩的才能，因此就出现了文法学校和修辞学校，体育在学校教育中逐渐处于边缘地位。到帝国后期，罗马公民不再对体育的军事价值、道德目标等感兴趣，而是代之以奢靡、腐朽的生活，罗马公民意志消沉，失去了战斗力。而帝国内部，内战不断，争权夺利，导致军队也丧失了战斗力。面对日耳曼人入侵，帝国开始采用一种"安抚"政策来对付日耳曼人，不仅让他们进驻帝国边境，而且招募他们当雇佣军，替罗马人打仗。最终，公元 476 年，最后一个罗马皇帝被日耳曼人废除，至此，西罗马帝国灭亡。

（三）欧洲中世纪的学校体育

西罗马帝国灭亡后，整个欧洲陷入一片混乱，基督教渐渐成了统治整个西欧的精神支柱，文化教育被垄断，使中世纪初期成了体育的"黑暗时代"。体育活动被严厉禁止，教会学校不开设体育科目，导致源自古希腊罗马的竞技运动传统从此被扼杀。如果说想要找寻"体育"的身影，那就是在培养效忠教会和领主的骑士教育中，体育得到一种隐秘的延续与发展。

骑士是封建国家最低一级的贵族。他们一般是贵族家庭中的次子，不能继承家庭的封地和爵位，其获得分封和奖赏的主要途径是靠替国王和大贵族打仗。骑士教育是与中世纪鲜明的封建等级制度相适应的一种特殊形式的家庭教育。其主要目标是培养忠君敬主和勇猛豪侠的骑士精神和技能。骑士的本质任务是征战，为保护贵族阶级利益而战斗，拥有强壮的身体是关键。因此，身体教育是骑士教育的重点。

骑士教育的实施主要分为三个阶段：

第一阶段（7 岁之前），儿童主要由母亲以及家庭中的妇女照顾陪伴。教育内

---

① 曲宗湖，杨文轩. 课外体育新视野 [M]. 北京：人民体育出版社，1999.

容涉及宗教知识、道德教育和身体的养护和锻炼。该阶段的身体教育是粗放式的，主要目的是培养儿童对日后身体艰苦训练的适应能力。身体教育内容主要包括板羽球、毽球、皮球、滚木球、跷跷板、踩高跷等户外游戏活动。如果儿童愿意，则父辈们还会把他们放在马背上，让他们熟悉骑在马上的感觉，为其日后的学习打好基础。

第二阶段（7～14 岁），一般在 7 岁以后进行礼文教育。贵族家庭会将儿子送到高一级的贵族家中当侍童，从而学习上流社会礼节、行为规范以及吟诗、弈棋、唱歌、奏乐等技艺，偶尔会涉及一些文法知识等。[①] 在此阶段，儿童还必须接受击剑、狩猎、骑术、赛跑、角力等方面的训练，从而将他们培养为身体强壮、能征善战的武士。

第三阶段（14～21 岁），在该阶段，青少年学习"骑士七技"（骑马、游戏、投枪、击剑、打猎、弈棋、吟诗）是重点，同时还要侍奉领主。年满 21 岁时，他们通过授职典礼，正式获得骑士称号。

骑士教育从某种程度上讲是一种"武夫教育"，其目的是训练勇猛的作战能力，并向他们灌输忠君爱国的思想，培养统治阶级的守卫者。同时，骑士教育不重视文化知识的传授，导致很多骑士目不识丁。事实上，理想中集各种品质于一体的"骑士精神"并不存在。

（四）文艺复兴与宗教改革时期的学校体育

1. 文艺复兴运动

文艺复兴中的"复兴"主要是针对古希腊与古罗马初期来说的。中世纪以神为本，以宗教为主导力量，而古希腊和古罗马初期还是以人为本的。因此，文艺复兴主要是指人文主义的兴起。人文主义肯定人的价值、人的尊严和人的力量，针对中世纪宣扬的"肉体是灵魂的监狱"，提出"灵肉一致"的新的世界观。在教育方面，文艺复兴主张恢复和发扬古希腊的教育思想和体育制度，强调发展人的个性，反对宗教束缚，提倡活泼、健康，反对体罚。在这样的背景下，体育重获在教育中的重要地位，为学校体育的发展扫清了障碍。

弗吉里奥是第一个将人文主义教育思想运用于教育实践的教育家。他提倡

---

① 毛振明 . 探索成功的体育教学 [M]. 北京：北京体育大学出版社，2001.

"博雅教育"——一种符合自由人的价值的教育，是一种能唤起、训练与发展那些使人趋于高贵的身心和最高才能的教育；教育应该培养充满世俗精神的、全面发展的、身心俱健的人。为此，弗吉里奥提出教育需要两根支柱——心智训练和身体训练。在强调体育在教育中的地位和作用的同时，他还主张进行军事教育，并把体育与军事教育相联系。他认为，只有通过体育训练，才能进行进一步的军事教育。

维多里诺·德·菲尔特雷是意大利人文主义教育家，他不仅精通艺术、数学、希腊文等，而且还擅长击剑、骑马、舞蹈等项目，备受人们的崇拜。他提出了"教育的最终目的应是培养精神、身体和道德都充分发展的人""体育应被看成高尚的、与科学知识教育并重的教育内容"。他创建了宫廷学校（"快乐之家"），在教育实践中，秉持着培养德、智、体、美、劳全面发展的人的教育理念，将体育首次纳入了普通教育体系，成为教育不可缺少的一部分，对体育的发展产生了深远的影响。在"快乐之家"中，知识教学与体育活动有机结合，相辅相成。学校体育活动的内容主要包括骑马、击剑、跳跃、赛跑、射箭、游泳、远足旅行、球类运动和军事活动等。

2. 宗教改革运动

16 世纪，欧洲出现了宗教改革运动，此时期也是文艺复兴运动的高潮期。宗教改革运动是自文艺复兴运动以来，一场从教会组织内部挑战天主教长期向信徒宣扬的得救观的运动，是一次对统治西欧 1000 多年宗教教义权威性的挑战运动，更是一次将"人"从教廷的信仰统治和信仰垄断中解脱出来，回归"人"本真的思想解放运动。

马丁·路德是宗教改革运动的发起人。他是天主教的神父，也是一位神学权威。他的改革有三个重点：一是一个人只要"信"就能获得救赎，这是信仰原则（被称为"因信称义"学说）。二是能得救并不是自身的功劳，不是做什么好事，而是神的恩典。三是要全部依赖《圣经》。以前的《圣经》只有拉丁文版本，所以，马丁·路德还有其他各国的诸多知识分子开始把《圣经》翻译成本国的语言。马丁·路德把《圣经》从拉丁文翻译成德文，影响了后面整个德国文学的发展，开启了平民信仰自由的新时代。路德的教育体系包括家庭教育、初等教育、拉丁学校和大学教育四个阶段。在初等学校，首先学习语言和《圣经》的内容，此外，还要学习历史、艺术、英语、体育等内容。[①] 在拉丁语学校和大学里，不仅要有传统的语言、修辞学、文法等的知识教育，还要有历史、音乐、体操和自然科学知识的学习，路德认为体操锻炼可以保持人的身体健康。路德将"体育"纳入教育各级学校的教育体系中，不仅促进了学校体育的发展，也逐渐让学校体育及其培养青少年的作用得到了社会的认可。

扬·阿姆斯·夸美纽斯是捷克著名的教育家，被誉为"近代学校体育之父"。他在接受"身体是灵魂的居所"宗教身体观的基础上，认为人的身体和人的灵魂是和谐相处、彼此相互影响的。在教育方面，他主张泛智教育，提出"适应自然"的教育原则，认为身体健康是受教育的基础，将体育和游戏作为学习教育的必要内容。他首次创立了学校教育班级授课制，在学习过程中重视安排课间休息。

宗教改革运动的初衷是保持教会内部的纯洁和坚定民众的信仰，但不仅遭到了罗马天主教会的猛烈抨击，而且对基督教体系产生了深远的影响，最终导致天主教教会分裂为"新教"与"旧教"（耶稣会派）。新教派主张文化知识与身体并重，并在新开办的学校进行实践；而旧教派为了夺回教育独占权，也开办耶稣会学校，同时注重体育的实施。这在客观上促进了学校体育的传播与发展。

（五）启蒙运动时期的学校体育

文艺复兴运动导致了"人的苏醒"，宗教改革导致了"人的解放"，两大运动极大地推动了欧洲人的思想解放，虽然没有从真正意义上推翻西方宗教神权信仰体制，但是，为当时学校体育的发展打下了坚实的基础。

在 17 世纪和 18 世纪的欧洲，神学仍占相当的地位，理性精神仍受压抑，欧洲人的思想观念和意识形态尚未发生根本性的变化。在此背景下，始于英国，盛行于法国，波及整个西方世界的启蒙运动开始了。在启蒙运动中，欧洲各国涌现出了一大批思想家和教育家，他们对学校体育提出了很多前沿的观点。

约翰·洛克是英国唯物主义哲学家、教育家和政治思想家。他是英国经验主义哲学的代表人物，他提出的"白板说"（人的灵魂恰如一张白纸，知识和观念不是天赋带来的，而是后天所得，源自经验的产物）的论点最具影响力。他所著

---

① 曲宗湖，杨文轩.学校体育教学探索 [M].北京：人民体育出版社，2000.

的《教育漫话》一书充分体现了他的教育思想，将德育、智育、体育作了明确区分，又把它们融于一体。他认为培养绅士是教育的最高目的，而体育是绅士教育的基础。[①] 他在《教育漫话》中提到："健康之精神寓于健康之身体，这是对于人世幸福的一种简短而充分的描述……我们要工作，要幸福，必须先有健康，我们要能忍耐劳苦，要在世界上做个人物，也必须先有强健的体格，这种种道理都很明显，用不着任何证明。"由此可见，他对健康教育十分重视。那么，体育作为实现绅士教育和健康教育的必要手段和内容被放在了首要位置。同时，洛克还主张绅士教育要从儿童抓起，提出儿童要从小培养锻炼习惯，要经常参与户外游戏活动，还要建立良好的生活制度，如穿衣不过分保暖、饮食清淡等。

让·雅克·卢梭是法国启蒙思想家、哲学家和教育家。他的著作《爱弥儿》反映了他的教育思想和体育思想。根据自然天性来养育孩子是卢梭教育思想的核心，主张教育应"回到自然"，顺应儿童本性和兴趣爱好，按照自然规律来进行教育。他认为教育的目的是培养人的品格，而不是提高人的智力。卢梭想象中的自然人是身心和谐发展的人，也是具有运动家身手的人，所以，身体锻炼被卢梭视为自然教育的重要组成部分，强调健康的身体是人们获取知识、增强理解能力、发展理性思维的物质基础。卢梭曾说："为了学会思想，就需要锻炼我们的四肢、我们的感觉和各种器官，因为它是我们智慧的工具……"他将身体训练作为感官训练的重要手段，这也是卢梭体育思想中最独特的内容。因此，他主张儿童要在12岁之前进行体育活动和感官训练，让孩子到大自然中去锻炼。一方面，增强孩子的体力和感觉能力；另一方面，让他们养成自由、自主活动的习惯。当然，儿童进行体育活动时要遵循合理适量的原则。

约翰·海因里希·裴斯泰洛齐是瑞士著名的教育家。起源于法国的启蒙运动随后迅速传播到瑞士。18世纪的瑞士存在学校少、教育不平等、教师地位低等问题。在此背景下，一些青年组织成立了"爱国者协会"讨论关于政治、哲学、历史和教育等问题，裴斯泰洛齐是其中重要的一员。裴斯泰洛齐深受卢梭自然主义教育思想的影响，并在此基础上形成了要素教育思想，体育教育是要素教育思想中的重要内容。[②] 要素教育论是裴斯泰洛齐基于教育心理化理论对初等教育内容

---

① 曲宗湖，杨文轩.现代社会与学校体育 [M]. 北京：人民体育出版社，1999.
② 毛振明.体育教学科学化探索 [M]. 北京：高等教育出版社，1999.

和方法的重要论述，为初等教育革新做出了开创性实践的成果，其基本思想是初等学校的各种教育都应该从最简单的要素开始，然后逐渐转到日益复杂的要素，以便循序渐进地促进人的和谐发展。要素教育既要求初等学校的每个人在德、智、体方面都能受到基本的教育而得到和谐发展，又要求在德育、智育、体育的每一个方面都通过"要素方法"获得均衡发展。在体育教育方面，他从儿童本性出发，认为不仅要发展儿童的道德和智慧，还应发展儿童的身体力量。同时，他指出体育也要遵循人的力量的自然发展规律。在裴斯泰洛齐看来，各种关节的活动是体育最简单的要素，儿童的体育训练就应从这些基本动作的训练开始。

J.B.巴泽多是德国教育家、启蒙运动的旗手。巴泽多是泛爱主义教育的创始人。1774年，巴泽多在德国安哈特公爵属地——德绍建立了一所新型的、示范性的学校——泛爱学校。这是一所仿照中世纪骑士学院，且带有卢梭自然主义教育色彩的中产阶级学校。该学校将体育列为学校教育的正式课程，并最早将学校体育的内容列入学校的教学大纲之中。该大纲规定：每天的教育活动中，体育活动约安排3小时，内容包括击剑、骑马和舞蹈；在年龄稍大些的学生的教育中，应每天安排队列操练、运动训练和军事训练；在夏季，应安排学生从事两个月左右的野营活动，包括狩猎、钓鱼、划船、游泳、攀登、跳跃等。另外，将知识教学和德育教育安排在自由的环境中配合游戏活动进行，以使体育游戏与知识教育和道德教育有机结合在一起，如学校的地理课、自然课应安排在户外进行。在体育教学中，巴泽多把古希腊的体操、传统的骑士项目和民间游戏等体育内容进行精心的挑选和糅合，创编出了著名的"德绍五项"体操（跑步、跳高、攀登、平衡、负重训练）。这成为欧洲近代学校体育初步系统化的标志性成果，也标志着学校体育的内容逐步走向系统化。

约翰·克里斯蒂安·弗里德里希·古茨穆斯是德国泛爱主义教育家、近代著名体育家，被誉为"德国近代体育之父"。他主张全民体育。在体育教育的理念方面，他认为坚持体育活动和体育教育不仅是为了身体的协调发展，更是为了人的精神健康发展；在身体和精神的健康方面，他认为精神的健康更是人发展的根本。对于体操，古茨穆斯认为，体操可以满足人们的身体需要，体操可以使人实现身体的完美，并将体操运动的内容分为八项基本运动、手工劳动和青少年游戏活动三大类。其中，八项基本运动包括跑、跳、角力、悬垂、平衡、拔河、跳绳、兵士运动。他不断完善巴泽多以来的学校体育课程教学系统，为学校体育教学的初步系统化奠定了坚实的基础。

18世纪末到19世纪中叶，西方近代学校体育得到了较大发展，并初步形成体系。英国的户外运动与游戏、德国体操、瑞典体操等对各国学校体育产生了巨大的影响。

英国素有"户外运动之家"的美称。英国人喜爱户外竞技运动和活泼的娱乐活动，盛行的传统运动和游戏有狩猎、钓鱼、射箭、游泳、登山、划船、帆船、旅游、赛跑、滑冰、跳高、跳远、投重物（铁球、石头、铁槌等）、撑竿跳、高尔夫球、曲棍球、板球、网球、足球等。德国体操分为杨氏和施皮斯两个阶段：杨氏是德国体操的主要创始人，被后世誉为"德国国民体操之父"，创造了德国体操（又称杨氏体操）——以器械体操为中心，重视爱国主义、民族主义和意志的教育与培养，包括单杠、双杠、木马、跳跃器等。施皮斯是德国体育史上影响最大的人物之一，被称为"学校体育之父"，他对杨氏的体操进行了改进，创编了适应当时学校需要，并为社会所能接受的教学体操体系，包括协同体操、秩序运动和徒手体操。瑞典体操以林氏为代表，著有《体操的一般原理》一书，他认为身体的动作不应该像德国体操那样受器械的制约，而应该通过设计使其符合军事、教育与娱乐的目的。[①] 他根据动作需要改进器械，首创了屏栅、瑞典栏、鞍马、窗梯、跳箱和低综合台等器械。林氏把体操分为教育体操、兵士体操、医疗体操、健美体操四类。

二、西方现代学校体育的发展

经过两次世界大战，许多国家都认识到国民体质与国力强弱的关系，都很重视青少年体质的增强，加强学校体育。战后各国从不同的角度出发，或从军事训练的角度，强调学校体育的军训功能；或从社会发展的角度，强调体育的娱乐性和终身体育思想的形成；或从医学角度，强调体育练习要符合身体标准和动作协调原则。

---

① 唐炎，宋会君. 体育教师教育论 [M]. 重庆：西南师范大学出版社，2006.

（一）欧美主要国家学校体育发展概况

1. 美国

美国的学校体育发展，以"新体育"为代表，由美国学者托马斯·伍德等基于实用主义教育学和卢梭自然教育思想而提出，其主要特征为：

第一，学校体育的推进与发展。推行由美国学者托马斯·伍德等基于实用主义教育学说和卢梭自然教育思想而提出的"新体育"学说。伍德认为，健康应当是活动的副产品，而不是主要目的。威廉姆斯指出，体育是以身体为手段的教育，而不是对身体的教育。该理论认为，教育既不是单为体育，也不是只为精神，而是要发展因教育活动实现的人类的一切能力。赫塞林顿进而把"新体育"的教育分为肌体教育、神经肌肉活动教育、品德教育、智力教育四个方面。实用主义教育理论和"新体育"学说带来了体育教育理论与实践的一场革命，促进了体育的科学化和社会化，促进了对儿童身心发育规律和体育教学过程的研究，它的许多观点至今仍然有着现实意义。

第二，学校体育的内容与方法。一是体育教学内容，将适合集体练习的田径项目（跑、跳、攀登等）和重竞技项目（摔跤、拳击、击剑等）最早列入体育教学内容，并逐渐将篮球、排球、游泳、手球、高尔夫球、羽毛球和网球等列入学校体育课程。学校体育朝着内容标准化方向迈进。二是体育教学方法主要是实施"新体育"的基本步骤：发现问题—分析原因—练习基本动作—组织简单的游戏—参加拟定的活动。

2. 英国

第二次世界大战后，英国政府十分重视体育，采取了一系列的措施促进体育发展。首先，颁布了一系列体育法规与文件，如《费舍教育法案》《体育与娱乐的白皮书》《费希尔教育法案》等，这些法规文件都涉及有关体育和体育教育的条款，使体育娱乐、体育训练等成为强制性规定。其次，大学、中学、小学学校体育制度化。教育部规定在初级学校里推行瑞典体操制度，并与竞技体育结合发展。同时，英国医学界和医药协会对体育运动和体育娱乐给予了很大的关注并提出建议，建议认为应该加强学校体育，充实运动娱乐设施，为此成立了一个"体育委员会"。"体育委员会"的成立在很大程度上促进了学校体育的发展。

3. 德国

20 世纪以来，德国体育内容有很大的变革，表现为：德式体操之外的各种体育运动形式被全面重视，竞技运动与户外运动由私人推动逐渐转换为社会有组织管理的一项事业，体育场和体育团体大量出现。德国政府颁布法令，从初级学校高年级学生到中等学校学生，一律强行实施每天 1 个小时的体育训练，号召开展竞技活动，以培养日耳曼民族的勇敢竞争精神与顽强战斗的能力。[①]同时，德国还规定，学生可以参加社会上的体育业余训练。那时，德国体育社团和场所以及比赛活动，全由政府部门直接管辖，且被纳入了军国主义计划。

4. 瑞典

虽经历了两次世界大战的破坏，但瑞典体育仍在不断发展，学校体育的发展也得到了进一步的加强。1910 年，瑞典近现代体育的开展计划得以具体化。1915 年，瑞典成立了"竞技与户外运动推广委员会"，以督促开展青少年儿童体育，并应用了达标测验的办法同时每年举行一次"瑞典学童体育周"活动。后来，瑞典改进了达标测验，增设体操、滑雪、越野赛跑、游泳等项目。

5. 法国

第二次世界大战后，法国教育有了根本的改变，普及了初级学校教育，由政府管辖，使课程标准化。其学校体育主要受阿摩罗斯体操体系、瑞典体操体系、赫尔巴特所创立的自然运动三种体育制度的影响。在第一次世界大战期间，法国军事体操的训练被列在首位，作为军事体育训练手段，后来受美国教会青年会的影响有所变化，改为以排球、篮球、田径、游泳、拳击、角力运动为主。随之，集体游戏与竞技运动在城镇学校中开展。后来，体育法规定，政府与奥林匹克委员会合作，督导学校体育和管辖业余运动，使有组织的体育活动更好地开展。

（二）西方现代学校体育发展趋势

20 世纪以来，西方教育界面临着复杂多变的社会与文化环境。第二次世界大战带来的创伤使人们深刻地认识到人的本体价值，经济的发展使得人与自然的矛盾越来越凸显，信息革命的到来让社会培养的科技型人才与许多传统的价值观产

① 周登嵩 . 学校体育学 [M]. 北京：人民体育出版社，2004.

生了矛盾。为此，西方知识界和教育界深刻地反思了自启蒙运动以来形成的传统思想，兴起了新的教育思潮，如现代人文主义、终身主义教育和个人主义等。在西方现代教育体系下，现代社会体育教育形式更加规范、内容更加丰富，提出了"全能""全面"发展的要求。

1. 学校体育形式与内容的多样化

学校体育形式与内容的多样化主要表现为枯燥课程与竞技乐趣相结合。传统的观点认为，体育重在发展运动能力，培养健康的职业道德和社会期望的道德准则和态度，并以此完善年轻人的教育。然而，一个不容忽视的事实是现代的教育家更多将焦点转移到了学生本体上，试图寻求在学校、社会及自我天性的发展上的融合点，让学生的发展符合社会发展的需求，又不违背人的自然需求，并突出人的主体地位。学校体育在塑造品格、完善人的社交技能方面有独特的功用，但仍凸显出其枯燥无味的一面。[①] 为了让学校体育仍受学生青睐，学校成立了课外兴趣体育组织，举办了很多带有竞技性的课外体育活动，学生在此过程中不仅能把自己培养成优秀的运动员，更能找寻到乐趣。

2. 学校体育教学思想的多元化

20 世纪以来，随着西方各国社会、经济的发展，学校教育走向了科学化、普及化，推动着教育思想的逐步深入，且形成了众多流派，如杜威的实用主义、巴格莱的要素主义、凯洛夫的主智主义、布鲁纳的结构主义、斯金纳的新行为主义、苏霍姆林斯基的和谐教育等。在众多流派的影响下，体育教学思想走向了多元化的发展，形成了自然体育思想、终身体育思想、快乐体育思想等。

3. 学校体育教育方式的现代化

随着科技的发展，学校体育管理实现了进一步的科学化、规范化、制度化，学校体育教育中也融入了多媒体、互联网等现代元素，学校体育教育方式日益现代化。

4. 学校体育发展的协同化

学校体育的发展具有多种模式，加强了与休闲、文化间的融合，进一步与竞技体育、社区体育等协同发展，并逐步让学校体育融入人们的生活。

[①]　毛振明. 体育教学论 [M]. 北京：高等教育出版社，2000.

第二节 学校体育的地位、功能和目标

一、学校体育的地位

学校体育不仅是教育的重要组成部分，也是体育的重要组成部分。作为教育的重要组成部分，学校体育与学校的其他各科课程和活动一起担负着培养未来社会德智体美劳全面发展、具有健全人格的社会主义公民的任务。作为体育的重要组成部分，学校体育不仅是竞技体育和社会体育的基础，还担负着为竞技体育培养后备人才和为社会培养具备终身体育意识的公民的任务。

作为教育的重要组成部分，学校体育不仅有促进学生身体健康发展的作用，还具有促进学生德育、智育发展的作用。学生如果没有健康的体魄，就难以完成在学校的学习任务，也难以适应社会的工作，这是对体育、德育、智育关系的精辟论述。

（一）学校体育与德育

第一，学校体育教育包含德育的内容，"公平竞争、团结协作、坚持不懈、顽强拼搏"等优秀体育精神本身就是对学生进行德育的重要内容。

第二，学校体育有助于学生形成良好的道德品质和行为。学校体育有助于培养学生的集体主义和社会道德意识，如责任感和荣誉感、公平意识、自觉遵循规则的意识、尊重他人的意识以及民主意识等。[①] 学校体育可以营造良好的特殊环境，在特殊的体育环境中对学生进行德育，可以使学生的道德意识逐渐强化，最后内化为道德行为。

（二）学校体育与智育

智力是指一个人认识客观事物和解决实际问题的能力，智力的发展水平受遗传和环境的影响，同时也与学校体育有着密切的关系。

第一，学校体育可以增强大脑的工作能力，为学生的智力发展奠定良好的物质基础。

---

① 李祥. 学校体育学 [M]. 北京：高等教育出版社，1999.

第二，学校体育能够促进学生的神经系统发育，提高学生的神经系统的协调性，提高学生的思维能力，全面提高智力水平。

第三，学校体育能够促进学生的感知能力发展，感知能力的提高也是大脑智力水平提高的一种体现，很多体育项目如排球、篮球、网球、跳远、跳高、体操等都可以提高大脑的感知能力。

总之，青少年阶段是人的智力发育、发展的关键时期，学校体育对学生的智力发展起着非常关键的作用。

（三）学校体育与美育

第一，通过各项学校体育活动，潜移默化或有目的地培养学生正确的审美意识，提高学生感受美、鉴赏美、表现美和创造美的能力。例如，健美操运动融合了体操之健、舞蹈之美和音乐之韵，学生参与到健美操运动中，不仅可以增强体质，还可以培养正确的审美意识，认识力量美、艺术美、形体美等。

第二，学校体育的技艺之美是对学生进行美育的优秀教材，如在各类球类运动中，可以体验到优美的投篮、精彩的射门、有力的扣球等技艺之美，给人震撼心灵的美的感受，这是体育之美的有力体现。学校体育是美育的重要途径之一，学校要结合各项体育活动的特点，对学生进行有效的审美教育，促进学生身心全面发展。

总之，学校体育本身包含着德育、智育、美育的内容，也促进了学校的德育、智育和美育等教育的顺利实施，共同实现了素质教育的目的，能促进学生身心健康全面发展。

1. 学校体育与社会体育

社会体育也称为"群众体育""大众体育"，是以企事业单位职工、城镇居民、农民等社会大众为主体，以健身、健心、健美、娱乐、医疗、交流等为目的而进行的内容丰富、形式多样的身体锻炼活动。

第一，学校体育是社会体育的基础，社会体育是学校体育的延续。随着教育改革的不断深入，终身体育思想已成为现代学校体育改革的重要思想。学校体育阶段是人一生中接受正规的制度化的体育教育的主要阶段，也是终身体育的入门期和关键期。学生终身体育意识的确立是社会体育发展的基础。社会体育是学校体育的延续，也是终身体育的最后一个阶段。

第二，社会体育的发展对学校体育改革有很大的指导作用，社会为学校体育提供了更好的物质与精神环境。学校体育的目标是培养适应未来社会发展的人，社会体育的发展，特别是社会体育活动内容与方式对学校体育教学内容、教学方法等都会产生深刻的影响，社会体育的发展趋势对学校体育改革有着很强的指导作用。当前，学校体育与社会体育的接轨是时代发展的必然趋势，构建家庭—学校—社区体育一体化已成为学校体育和社会体育发展的共同目标。^①

2. 学校体育与竞技体育

竞技体育也称为竞技运动，是体育的重要组成部分。它是以体育竞赛为主要特征，以创造优异运动成绩、夺取比赛优胜为主要目标的社会体育活动。学校体育指的是在以学校教育为主的环境中，运用身体运动、卫生保健等手段，对受教育者施加影响，促进其身心健康有目的、有计划、有组织地发展的教育活动。与竞技体育不同，学校体育属于教育范畴，二者相互影响、相互作用。

第一，学校体育是构建竞技体育的基础，数以亿计的少年儿童是竞技体育人才发掘的重要资源。另外，现代竞技体育必须有良好的场地、完善的设施、先进的研究手段等，而这些条件除了高水平运动队，只有学校具备这样的条件。因此，学校体育是竞技体育的主要基础之一，没有学校体育，竞技体育就失去了重要的依托。

第二，竞技体育是学校体育发展的重要动力。竞技体育是一种记录人类创造潜能的运动文化，每项新的运动成绩、新的运动纪录，都标志着人类在运动能力方面又向前推进了一步。同时，这些新的运动成绩、新的运动纪录对学校体育的发展有着重要的引导作用，会推动学校体育的前进。

第三，学校体育、竞技体育和群众体育共同组成了中国体育，共同推动了中国体育不断发展，弘扬体育精神，传播体育文化。

二、学校体育的结构和功能

学校体育作为一个完整的系统，由许多要素构成，并形成了特定的结构，发

---

① 曲宗湖，尚大光，施利东，等. 从群众体育发展看农村学校体育教育目标定位 [J]. 北京体育师范学院学报，1999（4）：29-33.

挥着不同的功能，运用系统论的观点从不同维度对其进行解构，对促使学校体育功能最优化具有重要意义。

学校体育的结构是指学校体育各构成要素之间相对稳定关联所形成的整体架构。从不同的维度可以将学校体育划分成不同的结构，例如，从时间的维度来审视学校体育系统，是由学前教育阶段体育、初等教育阶段体育、中等教育阶段体育和高等教育阶段体育四个要素构成的。[①] 从学校体育活动方式维度审视学校体育系统，是由体育课、课外体育活动、课外训练和课外竞赛四个要素构成的。

（一）学校体育目标

学校体育目标是学校体育这一教育活动所要达到的预期结果，是学校体育目的的具体化，集中体现了学校体育的价值，是学校体育各项工作的出发点和归宿，在学校体育各项工作中起核心指导作用。

（二）学校体育参与主体

学校体育参与主体要素包括教育者和受教育者，教育者包括体育教师、学校体育主管领导及教辅人员等，其中，体育教师是学校体育工作的主要组织者、实施者和执行者，是直接对学生施加教育和指导的专业人员，其专业能力和综合素质的高低直接决定了学校体育工作的水平。学生是受教育者，是学校体育的对象，也是具有个性、能动性和差异性的主体，在各项学校体育活动中处于主体地位，学校目标的制定、内容的选择都要根据学生主体的特点来进行，以促进学生主体身心的全面发展。

（三）学校体育内容

1. 运动教育

运动教育是指以传授体育运动的知识、技能、技术为主要手段，通过自我练习、课外锻炼与竞赛等活动方式，以掌握运动知识、技能、技术和增强体质为主要目的的教育活动。在学校进行运动教育的主要途径有体育与健康课教学、课外体育活动、课外体育训练和课外体育竞赛等。运动教育是学校体育教育的主要内容，通过各种运动素材和体育教材，让学生了解和掌握各项体育运动的知识、原

---

① 刘进平. 试析体育活动与个体差异 [J]. 中国学校体育，2000（4）：62.

理、技能和技术，在具备一定运动能力的基础上学会自我锻炼的方法，培养锻炼的习惯，通过参与各种课外竞赛或训练，进一步巩固提高运动技术和技能，进一步增强对体育运动的兴趣。

2. 健康教育

健康教育是指以传授体育健康知识和科学健身方法为主要内容，以让受教育者培养良好的体育卫生习惯、建立积极的体育生活方式为主要目的的教育活动。健康教育是学校体育教育的重要组成部分，培养学生良好的健康的体育生活方式是学校体育的重要任务之一。健康教育的主要途径有体育与健康课教学、体育墙报、体育文化节、课外体育指导等。

3. 体育文化教育

体育是一种社会文化活动，体育文化是人类文化的重要组成部分，体育文化的继承和发扬要靠体育教育，学校体育担负着传承优秀体育文化的重任。通过学校体育各项活动进行体育文化教育，让学生了解竞技体育文化、民族传统体育文化，做好体育文化的传承是学校体育教育的重要内容。

4. 心理品质教育

学校体育教育内容和手段的特殊性使得对学生的心理品质培养成为学校体育的重要内容，在各项学校体育活动中总是渗透着心理品质培养的内容。例如，在耐力跑的练习与训练中，对学生坚持不懈精神的培养非常重视；在篮球、足球、排球等集体项目的练习与比赛中，对学生集体主义精神和团结协作精神的培养非常重视；在体操学习过程中，可以培养学生勇敢顽强的意志品质。心理品质教育作为学校体育的重要内容，对学生健康个性的发展有着非常关键的作用。

（四）学校体育实践方法

学校体育实践方法是指在各种形式的学校体育实践中所采用的各种方式和手段的总称。在体育课堂教学中，要用到讲授法、练习法、示范法、纠正错误动作法等；在课外体育活动中，要用到练习法、游戏法、竞赛法等；学校体育实践方法种类繁多，灵活多变，掌握和运用适当的方法是实现学校体育目标的重要条件。

（五）学校体育实践途径

学校体育实践途径是指为实现学校体育目标所采用的各种具体活动方式。当前学校体育实践途径主要有体育课教学、早操、课间操、大课间体育活动、课外体育训练和课外体育竞赛等。这些不同的途径相互联系、互相配合、互相促进，是实现学校体育目标的必然渠道。

（六）学校体育环境

学校体育环境是指学校体育活动赖以正常开展的各种物质条件和精神条件的总和。优良的学校体育环境可以为学校体育工作的正常开展提供保障，有利于学校体育目标的实现；不良的学校体育环境会阻碍学校体育各项活动的正常开展，不利于学校体育目标的实现。学校体育环境包括物质环境、心理环境和社会环境三类不同层次的环境。学校体育物质环境主要是指学校的体育场馆设施水平、体育课场地器材条件等；学校体育心理环境主要是指学校体育传统、体育氛围、体育观念、教育观念等；学校体育社会环境主要是指体育教师队伍的素质、学校体育管理体制、学校体育规章制度以及社会的体育风气和体育观念等。[①]

（七）学校体育评价

学校体育评价是指根据学校体育目标，通过建立科学的评价指标体系，对学校体育各项活动进行的价值判断。学校体育评价是实现学校体育科学发展、学校体育系统优化的必要环节，是科学制定学校体育各项任务决策的重要依据。

综上所述，学校体育系统的基本结构包括学校体育目标、学校体育参与主体、学校体育内容、学校体育实践方法、学校体育实践途径、学校体育环境和学校体育评价七大要素，这七个要素通过互相联系、互相作用、互相制约共同构成相对稳定的学校体育系统，使学校体育发挥着系统的功能。系统中任何一个要素发生变化，就需要其他要素相应地变化，继续维护系统的稳定性。

学校体育的功能是指学校体育在人类发展和社会进步中所产生的效益和作用，即学校体育能够对人的发展和社会发展作出的贡献，是学校体育本质的反映，映射出学校体育对人的物质机体和人的精神思维及社会物质和社会精神的作用。

---

① 吴忠义. 对我国体育教学理论的探讨 [J]. 体育科学，1998（2）：2.

（一）学生发展功能

学生发展功能是指学校体育促进学生的全面发展的主要功能表现，是学校体育的根本目标，也是学校体育的本质功能。学生发展功能主要包括健身功能和教育功能。

1. 健身功能

学校体育的健身功能是学校体育的核心功能，也是学校体育原始、本质和独特的功能，是学校体育区别于其他教育活动的主要特征。

（1）养成正确的身体姿势，促进生长发育

青少年时期正处于生长发育的关键时期，身体的可塑性比较大。大量实践和研究证明，经常参加体育活动对学生养成正确的身体姿势，形成正确的坐、立、行姿态，促进有机体的生长发育具有重要作用。青少年经常参加体育活动，一方面可以促进儿童青少年骨组织的血液循环，使骨密质增厚，骨骼变粗，增强骨骼的坚固性、抗弯、抗断和耐压的性能；另一方面还可以促进骨骼生长，对青少年身高的增长有积极意义。

（2）提高有机体机能水平

体育活动可有效地提高儿童青少年有机体的机能水平。

第一，体育活动可以有效促进儿童青少年呼吸系统的发育，提高功能水平。运动时，肌肉活动产生的二氧化碳刺激呼吸中枢，使呼吸加快、加深，促进二氧化碳排出和氧气吸入，使呼吸肌发达，呼吸深度、肺通气量和肺活量等显著增加，提高上呼吸道抵抗疾病的能力。

第二，体育活动可促进心血管系统发育，提高其功能水平。

第三，体育活动对运动系统的发育有显著的促进作用，可以改善神经系统和肌肉工作的协调性，加速周身血液循环，加强血液供应能力。

（3）提高身体素质和身体基本活动能力

身体素质是人体在运动、劳动和日常活动中，在中枢神经系统调节下，各器官系统功能的综合表现，如速度、力量、耐力、灵敏、协调、平衡、柔韧等素质。身体基本活动能力是指维持人体生存所必需的基本活动技能，如走、跑、跳、投、攀登、爬越、支撑、负重等。随着现代生活方式和工作方式的改变，人们在日常生活和工作中出现了"运动不足"的问题，导致现代文明病的出现，对现代人的身体健康造成一定的威胁。因此，加强个体在儿童、青少年时期身体素质和身体基本活动能力的锻炼，使个体养成良好的锻炼习惯，是预防现代文明病的最佳途径。①

（4）增强机体对外界环境的适应能力和对疾病的抵抗能力

外界环境主要包括人类生存的自然环境和社会环境，是一个非常复杂的系统。人的一生会面临各种自然环境的变化，其中包括一些恶劣的自然环境，如寒冷、高温、缺氧、饥饿等，不可避免地使人的生命和健康受到影响，人体各器官、系统必须随着环境的变化作出相应的调整，以适应外界环境，使机体与外界环境保持平衡状态。人们经常参加体育活动可以增强有机体根据外界环境变化进行自我调节的能力，从而增强对疾病的抵抗能力。

2. 教育功能

（1）育心功能

学校体育的育心功能是指学校体育对学生心理健康发展的作用，是学校体育功能的重要体现。青少年时期是人一生中心理发展变化最复杂的时期，也是培养健康心理的关键时期。学生在这一时期经常从事体育活动对心理健康具有促进作用。青少年容易冲动，情绪起伏较大，经常参加体育活动能够有效调节心情，改善不良情绪，缓解心理压力。体育活动独特的环境和方式可以培养学生良好心理品质和坚强意志，增强学生学习和工作的进取心，使学生养成积极向上的人生态度。科学地进行体育活动还能够改善学生的性格，促进学生的个性的健康发展。

（2）育智功能

育智功能是指通过各种各样的体育活动，促进学生智力的发展。

第一，体育活动能够促进学生神经系统的发育和协调性的发展，这为智力发展奠定了物质基础。

第二，学校体育是以学习体育文化知识、技能、技术和身体锻炼为主要内容的教育活动，也是培养学生运动认知的过程。根据多元智力理论，体育学习过程对学生的身体——动觉智力的开发与提高具有不可替代的作用。学生通过体育文

---

① 张建平. 论体育教育理念的三个层次 [J]. 成都体育学院学报，2002（5）：57-59.

化知识技能学习，促进一般智力的发展；通过身体锻炼和技术训练，提高对物体和自我的速度的感知，对时间、空间、力量、高度、平衡等因素的识别和控制能力（身体——动觉智力），促进学生智力水平的提高。

第三，学生通过参加体育活动，可以调节情绪，以饱满的热情投入其他科目的学习中，提高学习效率，从整体上提高学生的智力发展。

第四，学生经常参加体育活动可以思维敏捷、反应灵活，提高分析问题和解决问题的能力，因此能促进学生智力发展。

（3）育美功能

育美功能是指学校体育对培养学生正确审美观和塑造他们的健康美、形体美、姿态美等都有着重要作用。学生参与体育的过程也是欣赏、感受、体验人类运动文化之美的过程，学校体育不仅可以塑造身体美，而且可以相应地带来心灵美、行为美，使学生体验到运动美。通过体育活动，学生能够自己使体魄健美、身材匀称、姿态优雅、动作矫健，这既是身体健康的标志，也是人体美的表现。此外，在运动过程中，学生体验到的动作美、节奏美、行为美等都会给学生正确审美观的确立带来促进作用。特别是通过一些体育与艺术结合的项目，如健美操、艺术体操、体育舞蹈等的学习，可以更好地让学生感受到体育之美、生命之美。[①] 因此，学校体育对学生的审美教育是其他学科无法比拟的，学校体育工作要利用各种有利时机，有效地促进学校体育美育功能的发挥。

（4）育群功能

育群功能是指学校体育对学生个体社会化起着积极的促进作用，学校体育在培养学生个体社会化方面有着独特的作用。

第一，学校体育可以增强体质，发展智力，为个体社会化打下良好的基础。

第二，学校体育通过各种集体或团队体育活动，促进学生团结意识和协作精神的培养，教会学生如何做人、如何交往、学会公平竞争、学会尊重对手等许多社会生活中经常遇到的问题，从而加速社会化进程。

第三，学校体育活动可以培养学生的角色意识和交往意识，对学生个体的社会化起着重要的作用，促使学生养成遵守社会规范的习惯。

---

① 毕首金.发挥农村优势，丰富体育活动 [J].云南教育，2002（1）：17.

（二）社会发展功能

1. 文化功能

体育是文化的重要组成部分，当前我国正处于从体育大国向体育强国转变的过程中，体育文化的传承与发展是实现体育强国的重要保障。学校体育作为学校教育的重要内容，自然承担着传承和发展体育文化的重担。学校体育教育是传承体育文化的主要途径之一。学校体育与文化之间有着天然的密切关系，从历史发展的角度来看，学校体育无不与文化变革有着千丝万缕的联系。在我国，"体操"课程是在洋务派提出的"中学为体，西学为用"的文化政策下被引进我国学校体育中的；"新体育"是在五四新文化运动提出的"科学、民主"文化精神感召下，走进我国的学校体育课程的；"民族的、科学的、大众的"文化思想使我国学校体育步入了健康发展的正轨。体育是社会文化的重要组成部分，学校体育同样是社会文化的反映，学校体育的职责就是通过体育知识技能技术的学习，传承体育文化，促进个体的社会化和个性化发展。学校体育在其漫长的发展历程中，一直是作为文化传承的工具存在的，学校体育被社会自然而然地赋予了文化传承工具的角色。学校通过对学生进行体育文化教育、举办各种体育文化活动使优秀的体育文化被一代一代地传承下去，并且根据社会发展需要，不断地进行创新，把体育文化发扬光大。

2. 教化功能

党的十八大报告指出："把立德树人作为教育的根本任务，培养德智体美劳全面发展的社会主义建设者和接班人。""立德树人"指明了今后教育改革发展的方向，即教育不仅要传授知识、培养能力，还要把社会主义核心价值体系融入国民教育体系之中，引导学生树立正确的世界观、人生观、价值观。学校体育作为教育的重要组成部分，要时刻以"立德树人"作为所有实践活动的出发点，要积极传播健康文明的生活方式、倡导积极进取的生活态度，使个体培养努力拼搏的奋斗精神、养成自觉遵守社会秩序和规范的习惯。在传播、培育、践行社会主义核心价值观方面，学校体育有着不可低估的作用。

3. 体育后备人才的培养功能

学校体育的内容结构由体育教学、课外体育活动、课外训练和课外竞赛四个相辅相成的部分组成。学校体育在总体上是面向全体学生的体育教育，学校通过多种多样的学校体育实践活动让青少年学生参与体育运动，通过举行各种体育比赛发现有体育特长的学生，对这部分在体育方面有一定天赋或有某项运动特长的学生，以运动队、代表队、俱乐部等形式对他们进行较为系统的课外训练，旨在全面发展他们的体能和身心素质，提高某项运动技术和水平，为我国竞技体育培养后备人才。[①]当前，我国正处于从体育大国向体育强国转变的关键时期，"体教结合"是学校体育和竞技体育发展的必然结果，学校体育逐渐成为培养体育后备人才的重要场所。

4. 经济功能

一方面，学校体育具有经济功能，主要表现在学校体育的产业化发展、学生参与各项体育活动的体育消费，学校体育俱乐部的各种商业活动等，都对经济发展有一定的促进作用；另一方面，学校体育可以提高未来劳动者的身体健康状况和智力发展水平，从而增强劳动效率，促进经济的发展。随着社会的发展，学校体育功能的多元化特征会更加突出，学校体育功能将会被赋予新的内容。

三、学校体育的目标

学校体育的目标是指在一定时期内，学校体育实践所应达到的预期结果。它为学校体育各项工作指明了方向。学校体育的目标是学校体育目的的具体化，集中体现人们对体育与健康课程、课外体育活动、课外体育竞赛和课外训练等学校体育各项工作中体育价值的理解。学校体育目标制定得合理与否，会直接影响学校体育实践的开展。

（一）我国学校体育的目的

学校体育的目的主要是指学校体育应该培养"什么规格"的人，即经过长期的学校体育教育，学生最后应该具备哪些素质和能力，这是学校体育追求的最终

---

① 孙兴林. 学校体育实施素质教育的作用与途径 [J]. 继续教育研究，2001（4）：67-68.

结果。我国学校体育的目的是促进学生正常生长发育，增强学生的体质、增进学生的健康，与学校各种教育相配合，培养学生良好的思想道德和意志品质，促使其成为德、智、体、美、劳全面发展的社会主义建设者和接班人。这一目的反映了学校体育的本质特征，也反映了社会、教育、体育对学校体育的要求，对学校体育有鲜明的指向作用。

（二）我国学校体育的总目标

当前，我国学校体育的总目标是：增强学生体质，有效增进学生的健康；使学生能较为熟练地掌握和应用基本的体育与健康的知识、技能；培养学生的运动兴趣，使他们养成体育活动习惯，为终身体育奠定基础；使学生形成良好的心理品质，具备良好的社会交往能力，形成积极进取、乐观向上的人生态度；提高学生的运动技术水平，为竞技体育培养后备人才；使学生成为德、智、体、美、劳全面发展的社会主义的合格人才。

从学校体育发展的历史来看，学校体育的目标不是一成不变的。在不同的历史时期，由于人们对学校体育功能的认识不同，体育价值观的变化以及社会发展水平等，学校体育目标会有所不同。我国学校体育目标经历了"增强体质，"掌握体育与运动的基本知识和技能""促进身心发展""促进身心全面发展，培养终身体育意识和能力"等变化过程。

学校体育的目标是一个多层次的完整体系，从不同的维度来审视，可以有不同的目标层次划分方法。按照目标本身的结构来划分，学校体育目标可分为学校体育总目标和子目标；按照学校体育时间来划分，学校体育目标可分为长期目标、中期目标和短期目标；按照教育阶段来划分，学校体育目标可分为学前教育阶段体育目标、义务教育阶段体育目标、中等教育阶段体育目标和高等教育阶段体育目标等[1]；按照学校体育的内容来划分，学校体育目标可分为课程目标、课外体育活动目标、课外训练目标、课外体育竞赛目标。

体育与健康课程目标是对学生通过体育与健康课程学习所要达到的预期结果的表述，是《体育与健康课程标准》明确规定的。课程目标具体可分为运动参与、

---

[1] 年方新.体育教学中培养学生创新意识的技巧 [J].中国学校体育，2000（2）：20.

运动技能、身体健康、心理健康与社会适应四个学习方面，这四个方面是一个相互联系的整体，各个学习方面的目标主要通过身体练习实现，不能割裂开来进行教学，要注重学生的全面发展。

课外体育活动目标是预期学生通过课外体育活动所能获得的身体、心理、技能等发展变化的结果，主要通过早操、课间操、课外体育活动等途径实现该目标，对学校体育目标的实现具有重要意义。

课外体育训练目标是指少数参加课外训练的学生在经过训练后体能、技术、技能等所应达到的水平。课外体育竞赛目标是指预期通过开展丰富多样的课外体育竞赛使学校、学生、教师应该得到的收获。课外体育训练目标和课外体育竞赛目标都是学校体育总目标实现的重要组成部分，对学校体育实践活动具有指导作用。

四、义务教育阶段体育与健康课程目标

（一）课程总目标

通过课程的学习，学生将掌握体育与健康的基础知识、基本技能与方法，增强体能；学会学习和锻炼，发展体育与健康实践和创新能力；体验运动的乐趣和成功，养成体育活动的习惯；发展良好的心理品质、合作与交往能力；提高自觉维护健康的意识，基本形成健康的生活方式和积极进取、乐观开朗的人生态度。课程总目标可分为运动参与、运动技能、身体健康、心理健康和社会适应四个方面。

（二）分目标

1. 运动参与

运动参与是指学生参与体育学习和锻炼的态度和行为表现，是学生习得体育知识、技能和方法，锻炼身体和提高健康水平，形成积极的体育行为和乐观、开朗人生态度的重要途径。运动参与的目标是：参与体育学习和锻炼，体验运动乐趣与成功。

2. 运动技能

运动技能是指学生在体育学习和锻炼中完成运动动作的能力，反映了体育与健康课程以身体练习为主要手段的基本特征，是课程学习的重要内容和实现其他学习方面目标的主要途径。运动技能的目标是：学习体育运动知识，掌握运动技能和方法，增强安全意识和防范能力。

3. 身体健康

身体健康是指人的体能良好、机能正常和精力充沛的状态，与体育活动、营养状况和行为习惯密切相关。本方面是课程学习的重要内容和期望的重要结果。身体健康的目标是：掌握基本保健知识和方法，塑造良好体型和身体姿态，全面发展体能和健身能力，提高适应自然环境的能力。

4. 心理健康与社会适应

心理健康与社会适应是指个体自我感觉良好，以及社会和谐相处的状态与过程，与体育学习和锻炼、身体健康密切相关。本方面既是课程学习的重要方面，也是课程功能和价值的重要体现。心理健康与社会适应的目标是：培养坚强的意志品质，学会调控情绪的方法，形成合作意识与能力，具有良好的体育道德。

五、普通高中体育与健康课程目标

我国《普通高中体育与健康课程标准（2017版）》提出"以培养高中学生的体育与健康学科核心素养和增进高中学生身心健康为主要目标"。体育与健康学科核心素养是学科育人价值的集中体现，是通过体育与健康学科学习而逐步形成的关键能力、必备品格和价值观念。体育与健康学科核心素养包括运动能力、健康行为和体育品德。

（一）总目标

通过课程的学习，让学生喜爱上运动，且积极主动地参与运动；学会体育与健康学习和锻炼，增强创新精神和体育实践能力；树立健康观念，形成良好的生活方式；遵守体育的道德规范和行为准则，塑造良好的体育品格，发扬体育精神。[①] 运动能力、健康行为和体育品德三方面学科核心素养协调和全面发展，培

---

① 徐文. 义务教育资源配置的产权分析 [J]. 教育与经济，2003（2）.

养公民在未来发展中应具备的体育与健康的关键能力、必备品质和价值观念，使学生形成乐观开朗、积极进取、充满活力的人生态度。

（二）分目标

1. 运动能力

通过本课程的学习，学生能够运用所学的运动知识、技能和方法，参加和组织体育展示和比赛活动，显著提高体能和运动技能水平，掌握和运用所学运动项目的裁判知识和规则，增强提高体育活动能力；能够独立或合作制订和实施体能锻炼计划，并对练习效果作出合理的评价；了解和分析国内外的重大体育赛事和重大体育事件，具有运动欣赏能力。

2. 健康行为

通过本课程的学习，学生能够积极、主动地参与校内外的体育活动，掌握科学锻炼方法，养成良好锻炼习惯，形成基本健康技能，学会自我健康管理；情绪稳定、包容豁达、乐观开朗，善于交往与合作，适应自然环境的能力强；关注健康，珍爱生命，热爱生活，养成良好的生活方式，改善身心健康状况，提高生存和生活的能力。

3. 体育品德

通过本课程的学习，学生能够自尊自强，主动克服内外困难，具有勇敢顽强、积极进取、挑战自我、追求卓越的精神；能够正确对待比赛的胜负，胜不骄、败不馁；胜任不同的运动角色，表现出负责任的行为；遵守规则、文明礼貌、尊重他人，具有公平竞争的意识和行为。

六、社会需要

社会需要是指社会政治、经济、文化发展对学校体育提出的要求，集中反映在"育人"的规格要求上。学校体育目标的制定必须反映社会的需要，学校体育作为教育的一部分，最终目的是培养更好地适应社会生活的人。社会的需要按照时间维度可分为当前社会的需要和未来社会的需要；从空间上可分为国家的需要、民族的需要、社区的需要、家庭的需要等。学校体育目标的制定既要考虑当前社会的需要，也要考虑未来社会的需要；既要考虑国家民族的需要，也要考虑社区、家庭的需要。因此，在制定学校体育目标时既要考虑当前利益也要考虑长远利益。在不同历史时期，根据不同的社会需要，我国学校体育目标也在发生转变。目前，"人的全面发展"和"终身体育能力"的培养成为社会发展对学校体育目标提出的要求。

七、学生身心发展需要

学生身心发展需要是确定学校体育目标的重要依据，学校体育应该始终坚持将"学生的身心发展需要"放在首位。不同年龄阶段学生身心发展特点不同，学校体育目标的制定要考虑各个阶段学生身心发展的特殊性。小学和初中阶段的学生正处在身体快速发育、心理不稳定的时期，在此阶段要着重培养学生对体育的兴趣和爱好，了解科学锻炼和安全运动的基本知识。这一时期的学生身体形态可塑性大，重点要对学生进行姿态教育，让学生养成正确的身体姿势；通过各种体育活动，发展灵敏、协调、反应、柔韧等身体素质；掌握基本的运动技能，逐步培养自我体育活动的能力。高中阶段学生生长发育速度减慢，但体型、身体姿态和身体素质会出现比较大的差异性，并且具有一定的体育基础，这一时期应该注重学生体能和运动技能的进一步发展，让他们对体育与健康知识有进一步理解；具有较强的体育学习和评价能力，有一定的创新能力；形成运动爱好和专长，发展良好的心理品质，增强人际交往能力和团队意识；具有健康素养，塑造健康体魄，逐步形成健康的生活方式和积极进取的人生态度。[①]

八、国情需要

确定学校体育目标还必须考虑我国现阶段的基本国情，党和政府一直以来非常关心学校体育工作，特别是近年来已经将学校体育工作作为国家的重要工作来抓。制定学校体育目标必须考虑我国现阶段的基本国情，考虑发展不平衡的各个不同地区的实际特点以及教育发展的整体水平。

[①] 李建平.我国基础教育课程改革研究——新课程新创意 [J].教育发展研究，2000（3）.

九、学校体育本身的功能

学校体育功能是其结构的反映，是其价值的体现，在制定学校体育目标时，要首先考虑学校体育本身的功能，这些功能是否能够支撑学校体育目标的实现。如果学校体育本身不具备这项功能，则学校体育目标的制定就变成了无源之水。学校体育功能是制定学校体育目标的出发点。

（一）认清学校体育地位，全面贯彻国家的教育方针

学校体育要坚持全面贯彻落实国家的教育方针，坚持为现代化建设培养全面发展的人才服务的根本方向，从应试教育转向素质教育，努力开创新时期学校体育工作的新局面，与学校其他学科教育一起共同为社会主义现代化建设培养全面发展的合格人才。

（二）以系统的观点开展学校体育工作，促进学生身心全面发展

学校体育工作是一项系统工程，学校体育目标的实现有赖于学校体育系统的整体效益的实现。

第一，学校体育要与健康教育、卫生保健工作相结合，坚持"健康第一"的指导思想，面向全体学生的身心健康发展。一方面要对学生进行体育运动知识、技能、技术的传授，另一方面还要对学生进行科学锻炼、身体与健康生活方式的教育与指导，使身体锻炼与卫生保健有机结合，更好地促进学生身心健康发展。要统筹安排学校体育工作和卫生保健工作，使两者紧密结合，互相配合，以获得学校体育工作的最佳效果。

第二，坚持课内与课外相结合。《体育与健康》课程是实现学校体育目标的主要途径。但是，要实现学校体育目标，仅仅依靠体育课的学习是远远不够的，体育课堂学习要与各种类型的课外体育（早操、课间操、大课间体育活动、课外体育活动、课外运动训练、课外体育竞赛等）紧密结合，保证学生每天1小时的体育活动，才能使学生通过课外体育活动巩固体育课堂学到的知识、技能、技术，同时增强学生的体质，培养体育活动的习惯。

第三，坚持普及与提高相结合。学校体育工作要做到以普及为主，在普及的基础上提高，在提高的指导下普及。学校要在上好体育课、提高体育教学质量的

基础上，开展丰富多彩的课外体育活动、课外训练和竞赛，积极构建学校—家庭—社区一体化体育发展模式，确保学生每天 1 小时的体育活动，共同促进学生身心的全面发展。

（三）加强体育师资队伍建设，促进学校体育工作的顺利开展

体育教师是学校体育工作的组织者和实施者，也是各项学校体育政策的最终执行者，是做好学校体育工作的关键。学校体育改革的成败主要取决于体育教师。体育教师的数量和体育师资队伍的质量是学校体育工作开展水平的决定力量，加强体育师资建设是当前学校体育工作的重要任务。

首先，各级管理部门根据各地实际情况，按照国家相关法规、文件要求，要配足体育教师，优化体育教师结构，加强体育教师培训工作，以提高师资质量。其次，努力提高体育教育专业教学质量水平，面向学校体育工作实际需要，培养具有高尚道德品质和精深专业知识、扎实运动技能的综合性的体育教育人才。[①]最后，改善体育教师待遇，提高体育教师的经济地位和社会地位，这是优化师资结构、提高师资质量的关键，也可以使体育教师以更大的热情投入学校体育工作中去，促进学校体育工作的顺利开展。

（四）加强学校体育科研工作，促进学校体育改革的顺利推进

我国学校体育正处于发展、变革的关键时期，体育课程改革已经进行了十多年，在改革过程中出现了新的理论问题和实践问题，体育教师也面临着新的困惑，都需要学校体育科研工作的加强。广大学校体育工作者要根据我国学校体育改革的实际，结合相关教育理论，进行教学与科学研究工作，总结在学校体育改革中取得的经验，汲取教训，进一步揭示学校体育发展规律，积极探索有中国特色的学校体育发展道路。加强学校体育的理论与实践研究工作，是解决体育课程改革中各种问题与困惑的关键，也是学校体育发展过程中的重要任务。

（五）处理好继承与发展、学习与创新的关系，加快学校体育改革步伐

建设有中国特色的学校体育，是我们当前面临的重要任务。由于历史的原因，

---

① 张力为，任未多 . 体育运动心理学研究进展 [M]. 北京：高等教育出版社，2009.

我国学校体育从产生之日起，就是在学习中曲折前行。我国有优秀的民族传统体育文化和丰富的民族传统体育项目，学校体育有继承和发扬民族传统体育文化的责任。目前，学校体育工作要根据社会发展和教育发展的阶段性特点，根据我国学校体育历史发展的经验，继承和发展我国优秀体育文化，为建设有中国特色的学校体育服务。同时，借鉴发达国家学校体育发展的成功经验，积极进行学习与创新，做好学校体育国际交流，加快学校体育改革的步伐。

（六）加强学校体育工作管理的科学化、法治化，为学校体育提供制度保障

加强对学校体育工作管理的科学化、法治化是学校体育工作顺利开展、实现学校体育目标的有力保障。目前，我国关于学校体育工作的法规主要有《学校体育工作条例》《中华人民共和国教育法》《中华人民共和国体育法》等，中共中央、国务院分别于 2007 年和 2012 年颁布了两个直接面向学校体育的文件，即《关于加强青少年体育增强青少年体质的意见》和《关于进一步加强学校体育工作的若干意见》，对学校体育工作提出了明确和具体的要求。因此，加强学校体育管理的科学化、法治化，确保学校体育各项法规、文件有力执行、落实到位是学校体育工作顺利开展的有力保障，也是实现学校体育目标的关键。

（七）加大学校体育经费投入，保障必要的物质条件

学校体育工作的正常开展需要一定的体育场地、器材设施等物质条件作保障。目前，学校体育经费问题是制约许多学校体育发展的一个重要因素。首先，各地政府要加大教育投资，保证《国家中长期教育改革和发展规划纲要（2010—2020年）》提出的"提高国家财政性教育经费支出占国内生产总值比例在 2012 年达到4% 的目标"顺利实现。其次，要认真按照《中学体育器材设施配备目录》和《小学体育器材设施配备目录》对中小学体育器材配备的要求，积极改善各级学校的体育场地器材设施状况。[①] 再次，根据《关于加强青少年体育增强青少年体质的意见》精神，各级政府要统筹协调、因地制宜，加强学校体育设施特别是体育场地的建设。城市和社区的建设规划要充分考虑青少年体育活动设施的需要，公共体育设施建设要与学校体育设施建设统筹考虑、综合利用，公共体育场馆和运动

---

① 刘次林.幸福教育论 [M].南京：南京师范大学出版社，1999.

设施应免费或优惠向周边学校和学生开放，学校体育场馆在课外和节假日应向学生开放。最后，调动社会有关单位、团体和家庭的积极性，广开渠道，多元投入，改善学校体育场地器材设施。同时，各地各级学校继续坚持"因地制宜、因陋就简"的原则，根据本地的地形、传统，积极开发地方课程资源，保证学校体育工作的有序开展。

第二章 学校体育教学优化的理念

第一节 学校体育教学的优化

一、学校体育的相关概念

（一）体育的定义

体育的定义一直是体育界争论不休的话题，社会上对它的定义和表达也多种多样，如金牌体育、保健体育、娱乐体育、休闲体育、棋牌体育、康复体育和康乐体育等。但是，人们需要给体育提供一个基本的定义，否则将影响体育运动的科学发展和社会地位，并且不利于体育运动的发展。

在体育界，较有代表性的是两种定义，广义的体育包括竞技运动（竞技体育）、体育教育（狭义的体育）、体育活动和体育娱乐。也有人提出体育就是"育体或健身"，是一种通过身体活动来增强人的体质的社会活动。然而，竞技运动和体育是两个完全不同的概念，两者不能混为一谈。

体育是通过身体活动对人进行的教育，是教育的一个重要组成部分。它不仅在人的全面发展中起着重要的作用，而且还可以强身健体，具有启智、育德、益心等功能。因此，体育应是通过身体活动使人的身心得到健全发展的一种重要社会活动。可以说，体育是有目的、有计划、有组织的，是以各种运动形式为主要媒介，以身体活动为主要特征，以培养提高身体素质、运动素质和运动能力为主要目标，同时促进德、智、美、劳、心等素质全面和谐发展的教育活动。

（二）学校体育教学优化的具体内容

学校体育融合了教育和体育两部分的内容，既是教育的一部分，也是体育的一部分。作为教育一部分的学校体育，与德育、智育紧密结合，其任务是为社会培养德智体全面发展的人才；作为体育一部分的学校体育是社会体育和竞技体育的基础，对社会体育和竞技体育的发展产生了深远的影响。

1. 学校体育在学校教育中的地位

学校体育作为学校教育的重要组成部分，其本身包含着德育、智育等方面的全面教育任务。学校体育在学校教育中的地位是由学校体育的功能以及社会发展对学校体育的要求所决定的。马克思在《资本论》中曾经这样写道："未来教育对所有已满一定年龄的儿童来说，就是生产劳动同智育和体育相结合，它不仅是提高社会生产的一种方法，而且是造就全面发展的人的唯一方法。"综上所述，不难发现体育在学校教育中发挥着十分重要的作用，并与德育、智育有着十分密切的联系。

（1）学校体育与文化传承

体育本身就是人类文化传承的产物，具有独特的文化精神内涵，是社会精神文明的一个组成部分。奥林匹克精神不仅是体育精神的表现，更是人类对公平、和谐和竞争的经典诠释。

第一，体育教育教学过程是一个在开放环境中实施的，以身体活动为手段，以师生间、学生间多向互动为纽带，以自我超越、竞争、对抗为特征的教育教学活动。正是因为体育教育教学过程的这一特殊性，在潜移默化中就影响和教育了学生之间的协作、竞争和团队意识。

第二，体育运动是在规则允许范围内的体力和智力的较量。因此，学校体育不仅能够培养学生的集体主义精神，更有助于培养青少年学生在规则许可范围内的合理、公平的竞争意识。对于体育课程的教学来说，无论是课内还是课外的体育活动，学生之间的相互接触、竞争、协作的机会都多于其他的课程。并且，在实际的活动中，学生的思想行为更容易显露出来，这就为学校体育培养学生的良好道德品质提供了较好的条件。学校体育对学生良好道德品质的养成作用具体表现在如下四个方面：

第一，学校体育可以培养学生的道德认知和信念，如公平、法律、规则、纪律、尊重、合作、民主、竞争等。

第二，学校体育能有效地营造一个特殊的德育环境，使学生的道德信念通过体育活动优化得到强化，并内化为学生具体的道德行为。

第三，学校体育能有效地培养学生的个性品质，如勇敢、顽强、对挫折的承受能力、对困难的忍受力等。

第四，学校体育还能培育学生的集体主义和爱国主义精神以及责任感和荣誉感。这一切不仅是学校德育教育的重要内容，也是现代人所必备的重要素质。

学校体育中的德育充分体现了对学生良好德育教育的特点。在体育教学优化中，可以通过制定、执行严格的课堂教学规范影响学生；通过球类、长跑、游戏等不同项目培养学生的协作精神和意志品质等；通过及时果断地处理课堂突发事件培养学生果敢、自信的品质。教育过程中的具体方法可以采用制度要求、榜样示范、奖惩等。

（2）学校体育与智力水平

体育运动所锻炼的不仅是人的身体，还有人脑的反应能力。曾有研究表明，一个人的智力水平，与其大脑的物质结构和功能状况有密切关系。可见，大脑是人智力发展的物质基础，而学校体育就在一定程度上更好地为其提供了这一物质基础。经常性的体育活动是促进大脑神经细胞发育，保证能源物质和氧气充足供应的有效手段，这就为智力的发展创造了良好的生理条件。在一些游戏性质或竞技性质较强的体育活动优化中，不仅能体现出学生良好的体力，同时也表现出了高度的智力水平。

2. 学校体育在体育中的地位

我国的体育事业结构体系的不断完善，是随着政治、经济、文化的改善和蓬勃发展而进行的。《中华人民共和国体育法》中明确规定：我国的体育由学校体育、竞技体育和社会体育构成。三者虽均具有独立的目的、任务、对象和性质等内容，但它们之间存在着密切的关系。在体育实践的发展中，它们相互联系、相互渗透，相互补充、相互制约。学校体育是社会体育与竞技体育发展的基础，学校体育的发展变革要体现社会体育的需求和方向，同时要通过竞技体育的精神内涵体现其文化品位和价值。

（1）学校体育与社会体育的关系

在体育领域，学校体育与社会体育虽有所区别，但从本质上说，两者都是国民体育的重要组成部分，是相互联系、相互影响的有机整体。一般来说，学校体育是社会体育的基础，社会体育是学校体育的延续。这是因为社会体育的发展从根本上来讲是靠社会成员的体育意识、习惯和能力而实现的，而人的这些体育习惯、兴趣和能力是从学校体育阶段获得的。学校体育是社会体育的基础环节，其作用主要表现在以下两个方面：

第一，学校体育培养了学生社会体育的基础。一般情况下，在学校学习的青少年都处于身心发展的关键时期，因此，在对其实施教育时，要遵循他们的身心发展规律，并以此为规律对他们施以良好的体育教育，这不仅能有效地促进他们的身体形态、机能和素质的正常发展，增进他们的健康，增强他们的体质，使他们精力充沛地投入学习中，也可以为他们走上社会后的学习、工作、生活和从事终身体育打下坚实的体质基础。

第二，学校体育能培养学生终身体育的意识、习惯和能力。学校体育是一个有目的、有计划的体育教育过程。在这个教育过程中，学生通过学习和掌握系统的体育科学知识技能和科学锻炼身体的原理和方法，一方面可以促进身体健康，增强体质，另一方面可以培养终身体育的意识、习惯和能力。[①]终身体育的意识、习惯和能力有着非常密切的关系，学生只有认识和理解了终身体育的价值，才能更自觉地去进行体育活动，从而形成习惯；而只有坚持不懈地进行体育活动，才能真正意义上掌握终身体育的能力，从而更好地从事终身体育。锻炼能力主要包括自学、自练、自评、创造等能力。

自学能力是指学生掌握体育知识与技能的本领；自练和自评能力一般是指学生在体育活动中能根据自身情况和实际条件，对体育活动的内容选择、计划、组织，以及生理负荷调控和效果评定等本领。创造能力一般是指学生创造性地运用已掌握的体育知识和技能的本领。这些能力互相联系，构成了终身体育能力的整体。学生对这种能力的掌握和运用能使其终身受益。

此外，社会体育既是学校体育的延续，也是学校体育改革的指挥棒，主要表现在社会体育的活动内容、方式会对学校的教学内容改革、教学模式改革产生影

---

① 叶应满，王洪，韩学民. 现代运动训练的理论分析与科学方法研究 [M]. 成都：电子科技大学出版社，2017.

响。学校体育要关注社会体育发展的现实需要，关注社会发展与人们休闲生活方式的变化，积极推进学校体育与社会体育的接轨，促进学校体育的改革和发展。

（2）学校体育与竞技体育的关系

学校体育最主要的目的是促进学生身体、心理及社会适应能力等方面的全面发展，而竞技体育则多表现在发挥个人各方面的运动潜能和取得优异的运动成绩上。由此来看，竞技体育必须以学校体育为基础才会获得可持续的发展空间；学校体育需要竞技运动的内容和形式，竞技运动是学校教育中不可缺少的文化形式。

长期以来，我国都致力于学校体育与竞技体育的共同普及和协调发展。在计划经济体制下，我国竞技体育与学校体育间的协调问题通过相应的制度框架，在一定程度上得到了解决。随着我国社会主义市场经济体制的不断成熟，竞技体育体制在适应社会主义市场经济体制的过程中，面临竞技体育人才队伍培养、体育竞赛表演市场培育等多个问题。这些问题直接制约着学校体育和竞技体育的发展，这主要是因为学校体育是竞技体育的主要资源，而竞技体育则是学校体育的未来道路之一，两者既相互制约又相互促进。经过近三十年的探索，我国的体育界与教育界在"体教结合"的体育体制探索上取得了显著的成效，消弭了两者的隔阂，逐步形成了学校体育与竞技体育良性运行的机制。

由此看来，我们要充分处理好学校体育与竞技体育之间的关系，才能更好地促进两者的协调发展。要处理好它们的关系，就必须对学校体育有一个全面的认识。换句话说，我们要充分认识学校体育在发现和培养体育后备人才，提高竞技运动水平等方面，发挥着基础和保障作用。运动实践证明，只有从少年、儿童抓起，选好苗子，进行长期系统的体育训练，才能在竞技比赛中获得好的成绩。学校体育教育的启蒙阶段为高水平竞技运动的形成提供了有力基础，是培养体育后备人才的摇篮。

二、学校体育教学优化的概念

（一）教学的一般概念

根据形式逻辑关于定义的规定，一个概念的定义形式应该是：

被定义项＝物种差异＋属。

换句话说，概念的定义首先需要具有"属"的概念，然后要在能够完全形成之前先找到种差。该概念的本质特征是所谓的种差，即这个被定义项与包含了被定义项的属概念中其他种概念之间的差别，种差在概念的定义中具有区别其他事物的鲜明特征。

在教学论的各个流派当中，教学的定义可以说是不一而足的，其中，绝大多数的观点都把教学看作一种活动。例如"社会活动""认识活动""双边活动""教育活动"等观点，都是将教学视为一种活动来进行定义。所以，我们把"活动"作为"界定教学"概念的属概念，然后再从"教学"概念的"种差"角度去寻找它的本质特征。

在一切的教学活动中，学生和教师都是教学的主体，任何教学活动都是由教师的教和学生的学共同组成的。这说明，师生共同参与是教学活动的基本特征。

对于任何教学活动来说，教师、学生和教学内容是最基本的因素，而教学内容可以说是教师和学生之间沟通的桥梁。教学活动是一种有目的、有组织的活动，这种活动是社会发展需要的反映。教学的功能是通过学生学习教学内容来体现社会的要求，反映了教学活动构成因素及其相互关系上的特征。

从教学活动的任务来看教学活动的特征，在教学活动中，使学生掌握知识是其最基本、最普遍的任务。如果教学活动一旦脱离这一任务，则培养能力、发展智力就会成为缺乏载体的无本之木。同时，教学除让学生掌握基础知识和基本技能，还应该承担起学生的身心、智力、能力、思想品德的培养任务。教学活动的任务还会因人类社会发展的需要而发展。为此，"教学"可以表述为：教学是一种以教材为中介，以学生的全面发展为目的，学生在教师的指导下掌握知识的认识活动。

（二）体育教学优化概念的界定

体育教学优化是具有较强实践性的学科。因此，在确立体育教学优化的概念时，绝不能离开教学的一般概念。但体育教学优化有其特殊性，体育教学优化在内容、要素、结构、功能、目的等特征的不同而反映出了差异性。

人们在研究体育教学优化时，由于角度或切入点不同，对于体育教学优化的看法也不尽相同，如认为体育教学优化是教师的教授活动，是教师"教"与学生"学"的相加，传授给学生体育知识、技术、技能的活动，或是增强学生身体的锻炼活动等。我们认为：体育教学优化是属于上述教学的概念，融合了教师的"教"与学生的"学"，具体地说，就是教师指导学生进行学习的活动。需要明确的是，在这个活动中，学生的学习活动是以身体活动即"身体练习"为知识载体的认识活动。学生通过身体练习活动，掌握一定的体育知识、技能、技术，同时增进健康，促进学生身心和谐发展。因此，体育教学优化可定义为：体育教学优化是一种以合理的身体活动或身体练习为中介，以增进学生健康、促进学生的身心和谐发展为最终目的，学生在教师的指导下掌握体育知识、技术、技能的认识和实践活动。

第二节　学校体育教学优化的原则

一、学校体育教学优化原则的概念

学校体育教学优化的原则是实施学校体育的最基本要求，是维持学校体育性质的最基本因素，也是判断学校体育质量的基本标准。在学校体育教学优化中，教师必须遵循一定的教学原则，才能顺利进行教学工作，达到理想的教学效果。体育教学优化原则的概念应从以下三个方面进行描述：

第一，在所有学校体育教学优化要求中，学校体育教学优化原则是最为基础的要求。

第二，学校体育教学优化原则可以全面体现学校体育教学优化特征和性质。

第三，学校体育教学优化活动必须在学校体育教学优化原则下进行，不得偏离。

在学校体育教学优化中，贯彻好体育教学优化原则是做好体育教学优化工作的重要前提，也是体育教学优化工作的需要。

二、学校体育教学优化原则的作用

（一）明确优化教学的要求

学校体育教学优化的原则是教学工作的基本要求和规律的体现，也是学校体育教学优化工作的最核心的要求。这些原则不仅准确地概括了学校体育教学优化的要求和规律，也让体育教学优化过程更加明确。各级教学指导单位可以依据学校体育教学优化原则向教学的实施者提出明确的要求。另外，体育教学优化原则也能让教育工作者在复杂的教学过程中，保持清晰的思路，只要牢记教学原则就能够保证教学质量。学校体育教学优化原则是教师进行学校体育教学优化时不可突破的底线要求。

（二）作为教学优化评价的标准

学校体育教学优化评价跟教学过程和教学要求一样，包括复杂的内容，经常会在实践中出现各执一词的情况。因此，要使教学评价系统更加清晰，就必须明确体育教学优化的原则。

（三）提供观察教学优化的视角

在学校体育教学优化中，教学要求是可以通过教学状态的外部特征进行判断的。学校体育教学优化原则是教学工作的基本要求，因此，当教学原则没有被遵循的情况下，就会出现不合理的教学外部特征。也就是说，学校体育教学优化原则是否得到了很好的贯彻，可以通过外界的观察来判断。换句话说，就是教学原则的纠正和完善是可以通过不同的教育视角来实现的。

三、学校体育教学优化原则的内容

（一）体育教学优化的原则

1.学生主体性原则

学生主体性原则是指在体育教学优化过程中，始终将学生视为教学活动的主体，并一切以学生为中心，围绕学生的身心发展展开教学活动。在学生学习的过程中，教师是设计者、组织者、参与者、引导者和评价者，教师的责任是引导学生在探索过程中发现问题、解决问题、建构知识、学会独立思考，培养学生的创新意识和创新能力。[1] 教育要树立现代"人本"教育的思想，要充分发挥学生的

---

[1] 刘欣然，李孟华，陈安顺.古希腊体育中的教育思想与实践 [J].成都体育学院学报，2015，41（2）：69-74.

主观能动作用，给学生营造一个自主学习的环境，让学生主动地去学习。体育教学优化活动最本质的特点是学生必须通过自身的练习，去体会完成体育动作的时空感觉和技巧方法。由此来看，学生的主动性对于掌握运动技能具有非常重要的作用，因此，要想实现教学的最终目的，就需要培养学生的自主性，让学生能够主动参与学习。

2. 循序渐进原则

循序渐进原则是指在体育教学优化过程中，对教学内容、教学方法和运动负荷等的安排，应由易到难、由简到繁、逐步深化，使学生系统地掌握体育与健康的知识、技术、技能和科学的锻炼方法。学生的生长、发育过程都是一个循序渐进的过程。因此，在制订教学工作计划时，要充分考虑学生的这个特点，按照循序渐进的原则选择教学内容，并注意教材之间的联系，以保证教学工作系统正常运行。

3. "差别化对待"原则

"差别化对待"原则是指在体育教学优化中，要根据学生各方面的实际情况和个性特征，有的放矢地进行教学。体育教学优化是面向全体学生的教学活动，其教学目标的制定，以及内容、方法、手段与运动负荷的选择和安排，都是根据学生的平均水平进行的。但由于不同学生间无论是年龄、个性，还是身体状况方面都不相同，其差异性也明显存在，所以要"差别化对待"。只有将统一要求与"差别化对待"有机地结合起来因材施教，才能保证做到面向全体学生，使每个学生都能够得到发展，这是素质教育的基本要求。在进行教学组织时，教师要特别注意对学生进行"差别化对待"。在教学过程中，为了使每一个学生都能完成学习任务，教师应有针对性地采取同质分组、异质分组等形式。在考核与评定学生成绩时，教师应采用过程性评价与终结性评价相结合的形式，注重学生的个体差异。

4. 直观性原则

直观性原则是指在体育教学优化中，利用各种直观手段调动学生各种感观去感知事物，获得直接经验和感性认识，为体育知识技能学习奠定基础；在体育教学优化中，要引导学生运用身体的各种感觉器官，感知动作形象结构；还要通过触觉和本体感觉来感知完成动作时肌肉用力的程度、方法和空间关系等，结合教师的动作示范、语言表述等发挥的作用，充分运用各种现代化教学手段，启发学生积极思维。

（二）体育教学优化的特殊性原则

1. 身体全面发展原则

身体全面发展原则是指在体育教学优化中，在制定教学目标、选择教学内容和运用教学方法时，要以有利于学生身心健康协调发展为原则，并在此基础上掌握体育的知识与技能，提高能力。

身体全面发展原则的制定依据有以下三个方面：

第一，《体育（与健康）课程标准》的基本要求。体育教学优化活动是围绕体育教学优化目标而展开的。《体育（与健康）课程标准》确定的运动参与、运动技能、身体健康、心理健康和社会适应四个方面的体育学习目标，就是从学生身心发展的角度出发制定的。

第二，人体统一性的要求。人体是一个完整的有机体，不仅具有生物性，同时还具有社会性。人体各系统器官间的机能是相互协调、相互影响的，因此，只有各个系统器官全面协调发展，才能促进学生的身心健康。

第三，实现体育多种功能的需要。体育具有健身、娱乐等多种功能，体育教学优化是集中实现体育多种功能的有效途径。

身体全面发展原则的教学要求包括以下三个方面：

第一，体育教学优化内容安排要注意均衡性。对于体育教学优化来说，教师在体育教学优化过程中，要充分考虑以学生身体的全面发展、上下肢的项目、不同运动技能、不同身体素质的合理搭配等方面来安排教学内容。同时，教师要积极引导学生明确身体全面发展的意义，避免单纯从兴趣出发，要注意学习内容的全面性，确保身体素质的均衡、全面发展。

第二，注意体育教学优化设计的合理性。在进行体育教学优化时，会遇到各种条件的局限，这就需要教师根据这些局限做出适当的调整，进行合理全面的教学设计，即针对学生学习进程中的实际状况，在教学内容、方法、手段的安排上要体现多样性，使学生在愉快的学习过程中身心得到全面发展。

第三，注意体育教学优化评价的多元性。在体育教学优化过程中，体育教学优化评价包括两个环节：对体育教师的教学设计、组织和实施等的评价——教师教学评估（课堂、课外）和对学生学习效果的评价——考试与测验。[①] 在进行体育教学优化的考试与测验时，应以督促学生达到全面锻炼的效果为目的，安排合理、全面的项目内容；在进行教师教学评估时，需要发挥体育教学优化评价的导向作用，对体育教师的教学设计、教学内容、教学方法与手段及教学效果予以全面的评价，从身心发展的多维角度去评价教学的质量。

2. 合理运动负荷原则

在体育教学优化中，合理运动负荷原则是指要使学生承受适当的生理负荷和心理负荷，并使练习与休息合理交替，以便有效地完成教学目标，达成教学目的。

合理运动员负荷原则的制定依据包括以下两个方面：

第一，由体育教学优化的特点所决定。在开展体育活动优化时，无论是学习运动技能还是身体素质练习，均要求学生要承受一定的运动负荷。

第二，是消除疲劳、恢复机体工作能力和增强体质的需要。在反复进行身体练习的过程中，由于能源物质的消耗，机体会产生疲劳，这就需要通过休息来消除疲劳和补偿能源物质的缺失，以利于健康。

合理运动负荷原则的教学要求包括以下四个方面：

第一，坚持"健康第一"。在体育教学优化活动中，要确定合理的运动负荷首先要坚持"健康第一"的思想，学生心理和生理的变化规律是安排运动负荷的首要依据，同时要与教材内容相结合，从而确定科学且合理的运动负荷，运动负荷不宜过大也不宜过小。过大的运动负荷会压迫学生的心理，让他们身体疲劳或受伤；运动负荷偏小则无法达到锻炼身体的目的，学生也很难从中体验到乐趣。

第二，坚持学生的主体性与教师的辅助相结合。在体育教学优化中，学生与教师虽然发挥着不同的作用，但具有同样的重要性。在合理安排运动负荷时，教师要充分了解学生所能承受的负荷程度，以学生发展为中心，采用测量脉搏、询

---

① 毛振明. 学校体育发展史 [M]. 桂林：广西师范大学出版社，2005.

问和观察等方法测量运动负荷，重视学生的主观感受，以便能够在第一时间掌握学生对于负荷的承受情况，从而作出适当的调整。这就需要教师拥有较强的负荷调控能力，在教学过程中不断总结、积累经验来充实自己，以保证在所负责的每一节课中都能合理地安排运动负荷。

第三，重视学生的个体差异性。学生个体间的差异与不同需求也是教师在合理安排运动负荷时需要加以重视的。在进行体育教学优化时，教师要充分了解学生个体间的差异与不同的需求，并以此为基础将全班的教学进行层次分类，根据不同层次学生的需求来相应地安排不同程度的运动负荷。在教学过程的不同阶段，教师要对不同的主体进行具体测量并适时调整，从而做到因材施教，使全体学生都能达到合理的运动负荷。

第四，增强学生的运动兴趣。运动负荷的合理性不仅能够有效地增强学生的体质，而且能够激发学生的运动兴趣，使学生的学习情绪高涨，并让他们从中体验到成功感、愉快感和自我价值感。这就需要教师安排运动负荷的内容和形式既要丰富又要多样，以使学生既能学到运动技术，又能对运动保持热爱，进而形成专长，为其终身体育意识打下基础。

3.安全性原则

安全性原则是指体育教学优化应以学生的安全为前提，无论是在教学内容的安排上，还是在教学组织、教学方法与手段的选择上，都应遵循学生的身心发展规律，正确处理体育教学优化中的安全问题，从而减少或避免受伤事故的发生。

安全性原则的制定依据包括以下两个方面：

第一，体育教学优化的特点。体育教学优化本身就是一个具有诸多不稳定因素的学科，而在进行体育教学优化的过程时，学生的身体练习也是需要承担一定的负荷才能达到教学目标的，同时，一些潜在的不安全性也存在于其中，这就需要教师在进行体育教学优化时，采取有效的安全措施来保障学生在练习过程中的安全性。

第二，青少年身心发展的特点。对于正处于生长、发育时期的青少年来说，他们虽具有较大的可塑性，但其兴趣不够稳定，注意力也不够集中，而这就在某种程度上成为他们在体育教学优化中受伤事故出现的内在因素。

安全性原则的教学要求包括以下五个方面：

第一，加强思想教育。在已发生的运动伤害事故中，大部分都是由于学生的组织纪律涣散，不听教师指挥。因此，教师必须对学生加强组织纪律教育和安全教育，使学生充分认识到，在进行体育活动优化时，不但要注意自身的安全，还要注意他人的安全。

第二，在上体育课时强调穿适宜的服装。一般情况下，体育课的内容多是全身性运动，有较大的活动量，考虑到活动的安全、方便、美观等方面的问题，上体育课时，学生应着统一的运动服装或宽松、舒适的服装。

第三，要充分做好准备活动。充分的准备活动能有效、全面地锻炼学生身体，让他们更好地参与各项体育活动，有效地避免一般性伤害事故的发生。

第四，组织工作要周密。组织工作的周密性对于体育课来说是相当重要的。如果体育课中的组织工作不当，很容易造成事故的发生。因此，教师必须从安全角度出发，做好体育课教学的组织工作。在上课时，教师应严格检查将要使用的体育器材；在进行讲解示范前，应向学生讲清楚器材的功能以及危险性，提醒学生注意，以防伤害事故发生；再次规范动作要领、严明练习纪律，避免出现因为技术动作的变形、组织教学的失误和纪律性差造成学生拉伤、擦伤、脱臼等伤害事故。

第五，注意保护与帮助。在进行体育教学优化时，多数情况下都离不开体育器材的辅助来实现学生体育技术学习和身体素质的练习。这就需要在保护帮助下完成，以保证学生完成动作的准确性和安全性。在体育教学优化安全问题上有许多注意事项，教学内容、器械不同，采用的保护措施也应有所区别。

上述体育教学优化原则是由一般性原则和特殊性原则构成的一个相对完整的体系，它们之间是相互联系、相辅相成的，要在体育教学优化中全面、正确地贯彻执行，有效地提高教学质量。总体来说，体育教学优化原则是具有相对稳定性的，但随着体育教学优化实践的发展和人们认识的深化，这些原则也将不断地得到充实和发展。

第三节　学校体育教学优化的价值

一、体育教学优化的基本价值内涵

通常，体育的基本价值主要体现在知识形态的转变、教学功能的实现和素质的构成上。

（一）从知识形态的转化来看体育教学优化的基本价值

教学最明显的价值是它的知识价值。学生通过教学活动获得了别人总结的知识，这是国内外所有教学活动的共同特征，也是实现其他教学价值的基础。

具体来说，知识主要有以下两个方面的含义：

第一，对特定对象的客观反映，如科学的概念、原理等。

第二，创造者通过内化凝结在其中的能力、品格和方法。要使这些得到进步和升华，是需要教师根据学生的实际去充分挖掘、剖析的。

（二）从教学的功能看体育教学优化的基本价值

体育教学优化的功能主要体现在两个方面：

第一，传递前人在体育方面的知识、经验，使学生继承人类的文明成果，因而具有继承的功能。

第二，有效地促进学生身心的发展，因而具有发展的功能。在教学理论中，"发展"是一个含义非常广泛的概念。赞科夫认为："所谓一般发展，就是不仅发展学生的智力，而且发展其情感、意志品质、性格和集体主义思想。"体育教学优化内容体系本身就具有丰富的知识内涵，体育教学优化蕴含着科学的方法论，这个知识还包含情意和能力的培养、用能力推动学生的全面发展、用情感和意志构造良好的品格结构、用科学的方法去取得理想的效果的过程。因而，从教学的功能来看，体育教学优化的基本价值在于使学生获得知识、发展能力、形成良好的品格结构并掌握科学有效的方法。

（三）从素质的构成看体育教学优化的基本价值

教学活动最根本的价值是构建学生相对完备的素质结构。对于未来社会人的基本素质的构成，有人将其通俗地概括为会做人、会求知、会生存、会创造和会健体；同时，也有人把人才素质归结为德、识、才、学、体五个方面（思想品格修养和科学道德修养，智力和见识，技能、才能和科学方法，知识和知识结构，体魄）。其实，上述的这些方面是有着密切联系的，并不是孤立存在的。[①]它们之间相互渗透、相互包容，有些甚至互为条件，它们组成的基本因素归根结底是知识、能力、品格和方法几个方面。需要指出的是，在各科的教学中，素质的构造都是它们共同的目标，但由于不同科目的侧重点存在较大差异，而这些侧重点就是它们本质特征的反映。

体育教学优化作为一个增强学生体质，发展学生身体素质，传授学生身体锻炼的知识、技能、技术，培养学生道德和意志品质的教育过程，在学生的素质构建中，一方面具有与其他教学活动共有的功能，另一方面为学生科学锻炼身体提供了理论和方法的指导，在增强学生体质和提高学生健康水平方面有着不可代替的重要作用。同时，体育教学优化具有开放性的、活动性的教学环境，灵活的教学组织和可调节的运动负荷等有利条件，在情感意志的发展、良好品格的建立等方面也具有特有的优势。因此，体育教学优化对于学生素质的构建也是非常重要的。

二、现代体育教学优化价值的形成特点

在人类发展的整个过程中，体育教学优化的价值将对人的发展和进步以及社会各个方面产生了积极的影响。在体育教学优化过程中，这些价值的形成需要通过对体育知识的掌握，对体育能力的培养，对品德和情感的培养以及对体育方法的掌握来确定。它们是相互关联且相互制约的。它们在体育教学优化过程中转化为过程价值，并在教学结束后凝结为终极价值，最终使体育教育的价值得以体现。

（一）体育教学优化价值的形成规律及内部关系

从实质上分析，体育教学优化价值的形成规律就是体育教学优化活动的规律，即体育教学优化过程中内在的本质联系。众所周知，组成体育教学优化过程的要素主要有师生、教学内容、方法和目标，而师生作为其中最活跃的要素发挥着相

---

① 毛振明.学校体育发展史 [M].桂林：广西师范大学出版社，2005.

当重要的作用，他们的最终目的就是达成体育教学优化目标，这就需要教师运用合理的运动方法来教授教学内容，来实现体育教学优化对促进学生身心发展的价值和满足社会需要的价值。

形成体育教学优化价值的基础是树立正确的体育态度和学习必要的体育知识，而体育教学优化价值是要通过认知来实现的。体育教学优化的知识价值是体育教学优化整体价值的基础。对于学生而言，其思维能力和创造能力的提高都有赖于知识价值的实现。这是因为只有实现了体育教学优化的知识价值，学生才能正确地把握体育活动优化的实质。在形成体育教学优化价值的过程中，基本体育能力的具备是相关人员需要特别关注的重点，也是人们树立终身体育意识的基本条件。能力价值的实现过程实际上就是一个有目的、有规划的培养过程，也是一个将单方面的知识和技能向综合能力转化的过程。它的实现能够有效地增强学生学习和锻炼的自主性，以促进学生身心的不断完善和发展。对于体育教学优化价值来说，掌握科学的体育方法可以说是其实现和延伸的基本要求，它是终身体育能力的重要组成部分，而实现它的主要方式是训练。体育教学优化的另一个重要价值是道德品质的养成和情意的发展，这一目标的实现是一个潜移默化的过程。在体育教学优化过程中，人们要克服主观和客观困难，就必须相互帮助和密切配合，需要有竞争意识和团队精神，这些都是有利于道德品质的养成和情意的发展等价值实现的良好素材。思想品德的养成和情意的发展，有助于前三项价值的实现，也有利于健康心理的形成。

综上所述，构成体育教学优化基本价值的四个要素分别为知识、能力、方法和思想品德，它们的形成规律和特点各不相同，虽然侧重点不同，但有着紧密的联系，只有有机地将它们协同与融合，才能促进体育教学优化价值的完整实现。

（二）体育教学优化价值的形成过程与特征

体育教学优化的价值分为过程价值和终极价值。过程价值主要是指在进行体育教学优化的过程中形成的价值，终极价值则是指最终满足学生身心以及道德各方面需求和社会需求的价值。终极价值不仅是过程价值的指导，也是过程价值的集中表现。

1.体育教学优化过程价值的形成

体育教学优化的过程价值是在体育教学优化过程中通过各种教学活动而形成

的。对于任何一种教学价值来说，其形成都具有特点和相应的教学活动方式。

（1）体育知识的认知

体育知识是一种复合形态的知识，学生要想获得体育知识，唯一的途径就是通过感性的体验来予以验证和强化。也就是说，体育知识价值的实现依赖于讲授和实践的紧密配合。

（2）体育能力的形成

体育教学优化的中心价值是体育能力的形成，而能力的形成是以知识为基础、以技能和技巧为中介的。对于学生来说，体育教学优化的实践过程就是体育教学优化理性认识体育行为、解决其在此过程中出现的问题的过程。这个过程的实现能够加强学生的实践能力、深化学生的思维能力和培养学生的创造能力，最终实现具有综合性特点的体育能力价值。

（3）体育方法价值

在体育教学优化的过程价值中，方法价值具有方式的特征，而在体育教学优化价值的实现过程中，从学生的主体性地位的角度来看，它主要侧重于学习方法和身体锻炼方法。[①] 虽然引导学生主动自觉学习并掌握有效的学习方法十分重要，但并未引起人们足够的重视。周登嵩教授认为："学习也包括思维方法、观察方法、评价方法等，都属于学法之列。重要的是学生在教师的指导下，去理解、重视、创造知识技能的丰富多彩的方法，而不是教师规定不变的练习方法和步骤。关键是从学生主体特征、主体需要、认知特点出发，让学生自己认识途径的方法。"因此，从某种意义上来说，学法是指在体育教师的指导下，由学生根据主体的需要、特征和认知特点去认识事物的途径。需要明确的是，教师必须充分认识到学法是因人而异的，在遵循认识规律的同时，也要注意个体的特征。

作为体育教学优化方法价值的核心，身体锻炼方法是促进学生身心发展的主体方法，其关键在于让学生知道怎么做和为什么这样做，同时通过认知和体验，找到最适宜的方法，而这也离不开教师的讲授与共性要求，但也必须重视学生的自主性，以提高身体锻炼方法的针对性和科学性。

---

① 钱乘旦．西方那一块土：钱乘旦讲西方文化通论 [M]．北京：北京大学出版社，2015.

（4）思想品德价值

思想品德价值作为体育教学优化价值之一，对于学生自身素质的形成以及个体的社会化都具有非常重要的促进作用，不仅为他们提供了明确的指导，而且是培养学生形成良好道德品质的基础。品质的形成是需要主体认识、情感意志和行为三方面协同发展的，这就需要思想品德价值在实现的过程中，利用各种客观因素设立品质形成点，充分调动学生的主观能动性，使学生的情感、品质都能得到熏陶和发展，同时还要注意引导学生欣赏美和创造美，以保证学生良好思想品德价值的实现。

综上所述，体育教学优化的过程价值就是体育知识的认知、体育能力的培养、体育方法的训练和良好品质的养成。

2. 体育教学优化终极价值的实现

体育教学优化的终极价值主要体现为学生对于体育知识技能的掌握已经非常熟练，并树立了终身体育观念，且身心各方面素质得到了完善，完全适应社会所需人才的相关素质结构，是体育教学优化过程价值的升华。体育教学优化的终极价值受到教学思想的制约，但不是一成不变的，而是随着人才的素质结构以及社会需要的现状和发展趋势而变动的。这就要求体育教师必须树立正确的体育教学优化思想和终极价值观念，并采用合理的教学设计，注意将价值观念融合到指导思想的教学行为当中，从而通过教学过程价值的形成，最终凝结成终极价值，以满足主体自身和社会发展的需要。

体育教学优化过程不仅是体育教学优化价值的凝结过程，也是人才相关素质的形成过程。共建良好的人才素质结构，不仅是体育教学优化的最高价值，也是其最根本的价值。要想形成体育教学优化的价值，就必须在明确教学目标和教学活动行为目标的同时，注意激发学生对于体育的需求，使其在逐步掌握体育知识和技能的同时，对体育产生浓厚的兴趣，从而养成经常锻炼的习惯。学生只有具备了科学的锻炼能力，才能充分发展身心素质，同时为终身体育打下坚实的基础。从某种意义上来说，这不仅是一个促进学生身心发展、提高健康水平、满足学生和社会需要的过程，同时更是一个为学生和社会的进一步发展奠定基础的过程，因此，在促进学生身心发展方面，体育教学优化的价值具有双向作用。

第四节　学校体育教学优化的发展

体育教学优化作为学校体育的重要组成部分，其重要性也得到了广泛的认同，学校的体育工作直接影响着21世纪建设人才的素质。本节预测了现代体育教学优化的未来发展趋势。

一、强调学生终身体育观念的培养

在进入21世纪之后，学校教育对于具有广泛适应能力和创新意识的复合型人才的培养越来越重视。联合国教科文组织认为，"必须给教育确定新的目标，必须改变人们对教育的作用的看法。拓展了的新教育概念应该使每一个人都能发挥和加强自己的创造潜力，也应有助于挖掘出隐藏在我们每个人身上的财富。这意味着要充分地重视教育的作用，使人们学会生存，实现个人全面发展的作用，不再把教育单纯看作是一种手段，而是达到某些目的（技能、获得各种能力、经济目的）的必由之路"。可见，当前学校体育更加重视学生学会认知、学会做事、学会共处、学会生存及终身体育教育的培养。

"终身教育"的倡议是法国教育家保尔·郎格朗在1965年的联合国教科文组织会议上提出的，他认为学校教育应该为终身教育担任重要角色。随着社会的发展和进步，学校体育逐渐脱离传统的体育教学优化观念，开始重视培养学生的全面发展和终身体育意识。目前，在日常生活中，人们越来越重视体育的作用，而"终身体育"对学校体育教学优化也正产生着深刻的影响。

二、促进学校体育课程的深化改革

21世纪以来，我国迎来了新一轮的体育课程改革。2017年，教育部颁布了《普通高中体育与健康课程标准》，次年进行试点教学。随着学校教育的快速发展，体育课程的改革越来越受到学校体育教学优化的重视。

第一，新的体育课程标准将不再是单项体育知识体系的传授，而是更加关注学生各项素质的全面发展，强调学生体育实践的能力，强调体育教学优化为终身体育服务。

第二，学校体育课程更加强调学生对于体育认知经验的掌握，重视学生体育经验、体育情感、体育态度、体育价值观的形成和发展。

第三，学校体育课程目标更加重视学生的人性化发展，强调构建弹性化的课程内容结构，以适应当前形势下学生多元化的体育需求。

第四，在体育教学优化评价中，强调以学生发展为核心，而非只强调运动成绩。

第五，学校体育课程改革更加强调体育课程的分级管理和体育教师在体育课程设置中的主导作用。

三、重视野外生存生活训练与拓展训练

对学生来说，野外生存具有很强的趣味性和冒险性，是当下学生所需要和向往的。在学校开展野外生存训练，不仅能够提高学生挑战困难和解决问题时的心理素质，而且能够培养学生的审美情趣和环保意识，从而全方位促进学生的发展。

野外生存生活训练与拓展训练有着显著的健身特点、体育魅力和社会价值，随着我国学校教育的发展，它必将成为未来一段时期内我国学校体育发展的重要方向之一。

四、关注竞技体育在学校体育教学优化中的地位

竞技体育是社会体育文化的重要组成部分，并在学校体育教学优化中占有重要地位。它不仅能培养学生的运动兴趣、提高学生的运动技能；而且能够培养学生积极进取的人生态度，促进学生学会建立良好的人际关系；更能增强学生的竞争意识、团队意识、责任感，提高学生的协作能力和心理调节能力。因此，竞技体育是体育课程目标得以实现的重要载体，也是培养优秀体育人才的重要途径。

对于学生而言，发展学校竞技体育既符合青少年儿童的身心发展特点，又能使学生掌握某一项或几项运动技能，这对于学生体现其自我价值具有重要意义。

对于学校而言，发展学校竞技体育是学校校园文化建设的重要组成部分，是学校丰富学生课外生活的重要手段。另外，学校还能通过组织或参加大型竞技比赛提高学校的知名度，一举多得。

对于国家而言，学校竞技体育既是发展我国体育事业的需要，也是发展我国

教育事业的需要。《学校体育工作条例》指出"提高学生运动技术水平，为国家培养体育后备人才"是学校体育工作的基本任务，发展学校竞技体育有利于促进学校课外训练的开展和学生运动水平的提高。

综上所述，发展学校竞技体育既是学生、学校、国家的需要，又能促进三者的良性发展，因此，竞技体育必将成为学校体育中一个新的热点和发展趋势。

五、将体育形象对国家形象的构建纳入体育教学优化

从本质上讲，教育必须满足社会和国家的需要。国家对于任何人而言都有着特殊的意义，学生也不例外。在学校体育教学优化中，教师应始终重视对学生进行爱国主义教育，使学生在头脑中构建出健康的体育形象，并认识到体育形象的构建对国家形象构建的重要性。

目前，学术界对于体育形象并没有一个完善的界定。一些学者将体育形象简单地界定为"体育活动优化发展的客观事实直接塑造的形象"。这种界定虽使受众对体育形象有了直观、明了的认识，但它并不全面。作者认为，体育形象是一个综合体，它是国家体育的内部公众和外部公众对一国竞技体育、大众体育、体育体制等内部要素及其在国际体育大赛取得的成绩所给予的评价与认定。

在当今国际社会中，体育的外交能力被更加明显地表现出来，一些国家开始纷纷通过"世界杯外交""奥运外交"等体育外交方式建立外交关系或改善外交环境。也正是随着体育这一外交功能的扩大，使其在一定程度上成为国际社会解读与评价一国形象的标准之一，这也进一步确立了体育形象对构建国家形象的重要意义。[①] 总之，体育发展水平可以展示国家形象，体育形象是国家形象的构成部分。国家形象塑造涉及经济、政治、文化、教育等要素，而学校体育涉及体育和教育两方面的内容，因此，重视培养学生对体育形象的认识，对促进体育形象对国家形象构建的有利推动作用具有十分重要的意义。

---

① 钱乘旦.西方那一块土：钱乘旦讲西方文化通论[M].北京：北京大学出版社，2015.

第三章 学校体育教学优化目标导向

第一节 学校体育教学优化目标系统

体育教学优化目标系统主要由四部分组成，分别是学校体育目标、体育教学优化总目标、体育教学优化单元目标和体育教学优化课时目标，这四部分之间呈现递进的关系。各个下属目标都是其上位目标的具体化，从而形成了一个完整的系统。

一、学校体育目标系统

在学校体育中，一般意义上所指的目标即学校体育目标，它处于体育教学优化目标系统的最顶端，对整个体育教学优化目标体系来说具有终极意义。

在我国现阶段，学校体育目标具体如下：

第一，全面锻炼学生的身体，增强学生的体质。

第二，掌握体育与卫生保健的基本知识、技术和技能。

第三，在学校教育中，不仅要注重学生的身体发展，还要对其进行思想品德教育，促进学生个性的全面发展。

第四，以为国家培养体育人才为前提，大幅度提高学生的运动技能水平。

二、体育教学优化总目标

体育教学优化目标是指依据体育教学优化目的而提出的一种预期成果。通常情况下，可将预期成果分为阶段性成果和最终成果两种。阶段性成果，即体育教学优化的阶段目标；最终成果则表现为阶段性成果的总和，即体育教学优化的总目标。作为体育教学优化目标的最终成果，体育教学优化总目标对其下属的各层次具体目标均具有指导意义，同时，它也是体育教学优化目的得以实现的重要标志。在我国，体育教学优化目标主要有三部分，它们之间具有相辅相成的关系，具体如下：

第一，实质性目标：使学生掌握一定的体育知识和技能。

第二，发展性目标：全面锻炼学生身体，促进学生身心全面发展。

第三，教育性目标：培养学生正确的世界观，让学生形成健康的个性品质。

由此，这里主要从小学阶段、初中阶段和高中阶段三个阶段，对我国学校体育教学优化的具体效果目标进行分析。

（一）小学阶段

小学阶段的体育教学优化目标主要体现在以下三个方面：

1. 全面锻炼身体，促进生长发育

在小学阶段对学生进行全面的身体锻炼，具体要注意以下三点：

第一，通过进行身体锻炼，培养小学生身体的正确姿态。

第二，增强对外界环境的适应能力和抵抗能力。

第三，促进身体技能、身体素质和身体基本活动能力的全面发展。

2. 初步掌握体育基础知识、基本技术和基本技能

第一，学习体育卫生保健的基本常识，树立安全意识。

第二，掌握日常生活所需要的基本技能和基本技术。

第三，培养锻炼身体的能力，培养体育兴趣，养成锻炼习惯。

3. 形成良好品德，陶冶美的情操

学生在小学阶段需要形成的良好品德主要有以下三点：

第一，教育学生热爱祖国，热爱共产党，提高锻炼身体的主动性。

第二，在体育教育中，培养学生的美感和文明行为，养成遵守纪律、尊重他人、团结友爱、互相帮助等集体意识和良好品德。

第三，注意发展学生的个性品格，培养其勇敢、顽强、朝气蓬勃和积极进取的精神；培养学生的能力，提高学生的主动性和创造性思维的发展。

（二）初中阶段

初中阶段的体育教学优化目标主要体现在以下三方面：

1. 全面锻炼身体，促进学生正常生长发育

在初中阶段对学生进行全面的身体锻炼，具体要注意以下两点：

第一，注意学生的正常生长发育、身体形态、生理功能、身体素质和基本活动能力的全面发展。

第二，注意学生对外界环境的适应能力和对疾病的抵抗能力。

2. 学习体育基本知识、基本技术，发展基本能力

在初中阶段发展学生的基本能力，具体包括以下三点：

第一，对学生进行体育卫生保健基础知识教育，传授学生科学锻炼身体的理论与方法，提高体育卫生文化素养。

第二，掌握体育基本技术和基本技能，为升学或走向社会打好身体基础。

第三，全面发展体能，掌握常见的体育娱乐方法，培养健康和健身意识。

3. 学生在初中阶段需要形成的良好品德

第一，教育学生热爱党，热爱祖国，树立群体意识，重点培养其组织性、纪律性、集体荣誉感和经常锻炼身体的兴趣与习惯。

第二，发展学生个性，锻炼意志，培养勇敢、顽强、朝气蓬勃和进取向上的精神；培养文明行为，陶冶学生审美的情操。

（三）高中阶段

高中阶段的体育教学优化目标主要体现在以下三方面：

1. 全面锻炼身体，增进身心健康

在高中阶段对学生进行全面的身体锻炼，具体要注意以下两点：

第一，在初中体育教学优化基础上，进一步提高学生的身体技能、身体素质。

第二，增强学生的基本运动能力和适应能力，促进其身心的全面发展。

2. 掌握体育的基本知识、基本技术，提高运动能力

在高中阶段，需要学生熟练掌握体育的基本知识和技能，具体包括以下四点：

第一，进一步掌握体育、保健的基础理论知识。

第二，掌握体育活动、体育娱乐、卫生保健和其他社会体育活动优化的必要技术、技能与方法。

第三，增强学生的体育、卫生保健意识，进一步培养学生的体育兴趣和锻炼习惯。

第四，提高学生的体育、卫生保健能力，为终身体育奠定基础。

3. 培养学生良好的思想品德，陶冶学生情操

学生在高中阶段需要形成的良好品德主要有以下四点：

第一，对学生进行爱国主义、社会主义、集体主义的教育，提高学生积极参加体育活动的社会责任感，培养学生的组织纪律性。

第二，发展学生个性，培养学生竞争意识，增强创新、合作和应变能力，以及自强自立、顽强拼搏和进取精神。

第三，培养学生分辨是非的能力。

第四，建立健康的审美观，具有一定的审美能力。

三、体育教学优化单元目标

单元是指一门课程中相对独立、完整的组成部分，反映了课程编制者或教师对这门课程或概念体系结构的总体看法，以及在此基础上对这种结构按照教育科学的要求所做的分解和逻辑安排。单元目标是教学设计的主要依据，对教师的教学活动具有直接的指导意义。

在我国，中小学的体育课程标准都是由一系列相互关联的单元目标组成的，单元目标是对该单元教学的具体要求。单元目标的制定一般是以课程标准和教学参考书为参照的，再结合学生的实际情况，同时还要兼顾个别学生的经验和特点。

根据体育教学优化的任务，可以将体育教学优化的单元目标划分为以下三种类型：

（一）独立型

在独立型单元教学目标里，各单元的学习任务是相对独立的，并且在顺序上它们是可以相互调换位置的。

（二）阶梯型

在阶梯型单元教学目标中，学习任务之间的关系是递进的，这一阶段任务的学习是为了下一步的学习任务更好地进行，也就是说，前期的学习任务是后期学期任务的基础。根据这一要求，把学习内容划分成不同的单元，并排列出不可任意更改的顺序。例如，基本技能教学和专项技能教学。①

（三）混合型

混合型单元教学目标结合了以上两种单元目标类型，学习任务既有相对独立的，又有前后递进关系的，我们同样可以将这些学习任务按要求组成单元。

四、体育教学优化课时目标

课时是体育教学优化活动的基本单位。课时目标即每一堂课的教学目标，是对单元目标的进一步具体化，它关系到每一次具体的教学活动，并取得了非常可观的成效。正是这些具体化课时目标的实现，才为整个体育教学优化目标系统的逐层落实奠定了基础。

在对体育教学优化的课时目标进行设计时，主要可以运用以下四种方法：

（一）目标分解法

教学目标自上而下的分解过程就是一个不断具体化的过程。下位目标是为实现上位目标服务的，任何下一级教学目标的确定必须以其上位目标为依据。所以，要设计好教学目标体系中最为具体的目标——课时目标，就必须要明确其上位目标，即单元目标及其相互关系，而这就涉及了一个教学目标的分解过程。

值得注意的是，这里所指的教学目标分解，实际上是为了方便课时教学目标的设计，将课程教学目标分解成单元教学目标。

（二）起点确定法

体育教学优化目标是指学习者的学习结果。因此，教育者要设计出合适的体育教学优化目标就不能忽视对学习者的分析。确定教学起点就是要对学习者的起

---

① 次春雷，张晓华. 中世纪基督教对体育发展的历史影响 [J]. 沈阳体育学院学报，2015，34（4）：58-62.

点能力进行分析。教学起点的确定，直接关系到教学目标的作用发挥和教学的有效性。教学起点的确定要合理、科学，不能太高也不能太低，若起点定得太高，就可能导致课时教学目标过高，使教学脱离大多数学生的实际需要；若太低的话，又会在学生已掌握的内容或教学活动上浪费时间和精力。

（三）任务分析法

在上位目标即单元目标确定后，教育者可以根据单元教学目标进行任务分析。实际是指对学习者为了达到单元教学目标的规定而所需学习的从属知识（技能、能力、态度、情感），并对它们的相互关系进行具体的解剖，这就是课时目标的任务分析方法。

学习任务分析与教学起点的确定有着密不可分的关系，两者是共同进行的，没有明显的先后关系。

（四）目标表述法

进行体育教学优化目标设计时，学习者对每一项从属知识和技能进行学习后，需对应达到的行为状态作出具体、明确的表述，再将这些表述进行类别化和层次化处理。对于课时教学目标的表述，不仅要满足非常具体、可操作、可测量和必须陈述学生的学习结果几方面的要求，而且还应反映学生学习结果的类型。

第二节　学校体育教学优化中的目标设置

体育教学优化目标的设置是否合理，直接影响体育教学优化目标的实现。

一、学校体育教学优化目标设定的依据

（一）课程标准

课程标准是制定教学目标的理论依据。课程标准对教学目标的论述体现在目标与内容的统一上。在任何学科的课程标准中，每一项内容的标准都是针对相关内容的教学目标而制定的。同时，教育者还应该特别注意与该课程目标相关的教学活动，并提出与之对应的活动建议。

（二）体育教学优化内容

具体的教学目标设计要根据内容的特性来确定，要立足于对教学内容和知识点的准确把握，分析其中的教育元素，确定教学的重点与难点，为建立教学目标奠定基础。这就需要教育者对学习内容进行深入分析，帮助学生确定自身的需要，如应该学习哪些知识和技能、要达到什么程度和水平、培养何种能力和态度、身心获得怎样的发展等。

（三）学生的条件设计

教学目标是以学生的年龄特点、身心发展规律和已有的学习状态为基础的，同时，还要结合学生的体育兴趣、态度、需要、学习倾向等个性因素，从而使教学目标的设计更有针对性。

（四）教学条件

在进行教学目标设计时，教育者还应考虑学校场地、器材等的实际情况，以使教学目标的设计更符合客观条件，更具有操作性。[①]

二、学校体育教学优化目标设定的要求

（一）体育教学优化目标的设立应注重整体性

体育教学优化过程是一个复杂的渐进过程，因此，在设计体育教学优化活动时，教育者必须完成充分分析教学对象、制定明确教学目标、选用恰当的教学方法和手段以及进行有效的教学评价四个方面的任务。

体育教学优化目标的设计在这个系统过程中是一个重要的要素，居于基础和中心的位置，在设计教学目标时所进行的分析，都有助于其他方面的设计，而其他方面的设计有时会对教学目标进行修正和补充。所以，体育教学优化目标设计与其他方面的设计要统筹考虑、全面平衡。

在设立体育教学优化目标时，教育者不仅要分析学生的生理、心理、社会背景等方面的特点，而且还要考虑如何选用教学内容，综合考虑体育教学优化过程中的各种要素。只有这样，才能在体育教学优化目标设立的过程中系统把握、整

---

① 　吴式颖．外国教育史教程 [M]．北京：人民教育出版社，1999.

体协调教学过程中的各个要素，使体育教学优化目标的设计达到最优化。

体育教学优化目标是包括各种层次具体目标在内的整体系统。也就是说，在设立体育教学优化目标时，应注意各类各层教学目标之间的纵贯横联，从而形成一个完整和谐的系统。

（二）体育教学优化一般目标必须可分解成细致的操作目标

一般情况下，对于体育教学优化具体目标的设计分为如下两个步骤：

第一，母目标的界定和编写。

第二，依据母目标界定编写子目标。

子目标乃是衡量母目标达成与否的具体目标，只有子目标被逐一实现，母目标才可能达成。由此来看，体育教学优化目标的细目分解直接关系着体育教学优化效果的优化和教学质量的提高。因此，体育教师都应具备细目分解体育教学优化目标的能力。

（三）体育教学优化目标的表述应力求明确和具体

在表述体育教学优化目标时，应避免含糊不清和不切实际的语言出现，体育教学优化目标的设计是为了解决教和学要"达成什么"的问题，如果教学目标的表述含糊不清，就容易造成错误的理解，更不易把握，如此一来，势必会影响教学策略的制定及教学评价，最终使教师的教和学生的学失去明确的方向，而体育教学优化目标也发挥不了其应有的作用，教学效果也会大受影响。正因如此，西方发起了克服教学目标含糊性的运动，出现了一些有助于教学目标表述具体明确的方法，如 ABCD（A——audience，B——behavior，C——conditions，D——degree）模式等，这些方法对我们改进体育教学优化目标表述的具体化有很好的借鉴作用。

（四）体育教学优化目标的设立要难度适中

教学目标难度适中有利于发挥其激励功能。难度适中，是指所设立的体育教学优化目标应在学生"最近发展区"，是学生经过努力可以达到的。由于学生之间的个体差别，即使在相同的标准下，学生对于难度的感知也不相同，基础好、能力强的学生感觉不到难度，而基础薄、能力差的学生则感觉无法企及。因此，这种情况就成为体育教学优化目标在设立时需要充分考虑的，应使具体的体育教学优化目标反映出学习结果的层次性。为了设立难度适中、层次合理的体育教学优化目标，体育教师应深入了解学生的实际状况，实事求是地编制教学目标，切忌主观臆测。

三、学校体育教学优化目标设定的程序

（一）了解教学对象

学生的学习需要是指学生现阶段各方面的状况与体育教学优化目标之间的差距。分析和了解教学对象的能力与条件主要包括学生在体能、运动技能、体育知识等方面已经具备的能力与条件。合理、有效的学校体育教学优化目标的设置，是建立在教师对学生的学习需要与能力条件深入分析和了解的基础上的。

（二）分析教学内容

在对学校体育教学优化目标进行设定时，教育者要对学校体育教学优化内容的特点与功能进行认真分析，这是因为具体的体育教学优化目标的设定总是与具体的教学内容紧密相连的，不同的体育教学优化内容具有不同的特点与功能，一切教学内容都有目标，同样的，一切教学目标也都离不开教学内容。

（三）编制教学目标

学校体育教学优化目标是指导体育教学优化活动设计、实施和评价的基本依据，对体育教学优化活动具有指引、导向、操作、调控、测评等功能。学校体育教学优化目标通常在"单元"或"课"的教学计划中按照课程的水平目标分别陈述。

四、学校体育教学优化目标设定的注意事项

（一）学校体育教学优化目标应与体育课程目标相关

学校体育课程目标是体育教学优化目标的上位目标，每一个下位目标都必须与上位目标有机衔接、有效统一。

（二）学校体育教学优化目标应注意目标描述准确

在学校体育教学优化中，有效的教学目标是指教师在进行体育课程教学时能

够准确理解设定的教学目标。因此，体育教学优化目标在设定时要描述准确，否则会严重影响教学效果。①

（三）学校体育教学优化的目标应具有教育价值

在学校体育教学优化过程中，教师在制定教学目标时应充分体现其教育价值，不要过分强调目标的分解和细节，避免制定一些体育价值不大，甚至没有价值的教学目标，以保证学校体育教学优化目标的实现。

（四）学校体育教学优化目标应找到学生与内容的结合点

在设定学校体育教学优化目标时，必须考虑体育教学优化的对象和教学内容两个因素，要使教学目标符合学生的实际情况，并认真考虑学生的需要及要达到的学习结果。

（五）学校体育教学优化目标应考虑学生实际情况

学生的需要、能力、条件等实际情况是学校体育教学优化目标设定的前提条件，学校体育教学优化目标必须与学生的实际情况相适应，只有这样，才能使体育教学优化目标真正成为学生学习体育的动力。

（六）学校体育教学优化目标应注意及时调整

体育教学优化是一个复杂、多变的过程，在这个过程中，无论体育教学优化目标设定得多么明确具体和周密严谨，都不能长久地适应体育教学优化的变化。因此，体育教学优化目标的设定应根据实际情况进行及时调整。

第三节　学校体育教学优化目标的实现路径

体育教学优化作为学校教育的重要组成部分，在实现学校教育的目标上起着重要的作用。在体育教学优化过程中，通过路径实现学校教学目标是本节要重点讨论的问题。

---

① 罗映清，曲宗湖，刘绍曾，等. 学校体育学 [M]. 北京：北京体育大学出版社，1990.

一、实现学校体育教学优化目标的基本要求与注意事项

（一）实现学校体育教学优化目标的基本要求

在学校体育新教学实践过程中，学校体育教学优化目标的实现，主要有以下七点要求：

1.全面贯彻教育方针，面向全体学生

学校体育要坚持全面贯彻国家的教育方针、体育方针、政策、制度与措施，要转变传统的体育教育观念，将应试教育改为素质教育，正确处理好体育与德育、智育、美育等之间的关系，确保学校体育在学校教育中的重要地位，促进学校体育教育的全面发展。

学校体育是面向全体学生进行的，在积极动员和组织全体学生参加各项体育活动优化时，要让每个学生都能享有体育的权利，从而使他们获得身心的全面发展。此外，对有生理缺陷或有某些疾病的学生，要尽可能地安排他们进行适当的保健体育、医疗体育和矫正体育活动优化，帮助他们改善体质状况，提高健康水平。

2.把握好继承与发展、学习与创新的关系

为了适应我国社会主义现代化建设的需要，学校体育必须加快改革开放的步伐。学校体育要根据《中国教育改革和发展纲要》和《中共中央 国务院关于进一步加强青少年体育增强青少年体质的意见》的要求，充分结合我国的国情和实际情况，正确处理继承与发展、学习与创新的关系，以保证学校体育改革的进一步深化，从而加速我国体育教学优化的改革进程，开创具有中国特色的社会主义学校体育体系的新局面。

3.保证学校体育教学优化的必要物质条件

物质条件对于学校体育工作来说也是必不可少的，如体育场地和器材设施等，这些都是实现学校体育目标的重要保证。在实际教学中，各学校都要认真配备和积极改善学校体育的器材设施。

同时，根据学校体育工作的实际需要，各级教育行政部门应把学校体育经费纳入核定的年度教育经费预算内，配置必要的体育器材和场地设施。通过多种渠

道，各学校要积极筹措和投入必要的体育经费，以改善学校体育的器材设施；并要在充分利用现有体育器材设施的基础上，坚持自力更生、勤俭办体育的教育方针，因地制宜，制作安全、实用、简易的体育设备器材，从而为学校体育提供必要的物质保证，促进学校体育活动优化的顺利开展。

4. 加强学校体育的教学研究工作

我国学校体育正处在发展、变革阶段，所以在教学实践过程中可能出现各式各样的问题，这就需要加强对学校体育教学优化研究工作。我国由于地域广阔，导致体育教学优化出现问题的原因各不相同，不同地区、不同学校面临的实际问题也各不相同，这就使各级各类学校的体育基础极不平衡。因此，加强学校体育的教学、科学研究工作，不仅是深化改革、提高学校体育工作质量的需要，也是提高体育教师业务水平的需要。

5. 加强学校体育师资队伍建设

体育教师不仅是做好学校体育工作的关键，更是学校体育工作的组织者和实施者。在体育教学优化中，广大体育教师多年来都为增强学生体质、培养全面发展的合格人才作出了重大贡献。要适应体育教育深化改革的要求，实现学校体育的目标，就必须大力加强体育师资队伍建设，通过对在职体育教师进行培训和业余进修等，不断提高体育教师的政治和业务素质。此外，各学校还应提高体育教师的各项待遇，要进一步改善体育教师的工作、学习和生活条件，完善薪酬制度，提高其社会地位，这对提升学校体育教师的教学水平具有重要意义。

6. 加强学校体育工作的组织领导和科学管理

在实现学校体育教学优化目标的过程中，其组织保证就是加强对学校体育工作的组织领导。这就需要做到以下三点：

第一，要建立学校体育的组织管理机构，加强对学校体育工作的指导和检查。

第二，要认真贯彻执行《学校体育工作条例》和《学校卫生工作条例》，并结合实际情况，研究出具体的实施细则，制定出必要的规章制度和科学的评价标准。

第三，要对学生体质、健康的监测和评估做好定期检查，使学校体育工作逐步实现制度化和规范化，从而提高学校体育工作的科学化水平。

7. 用整体观点开展学校体育工作

学校体育工作是一项系统工程，只有实现了学校体育的整体效益，才能促使学校体育目标的整体实现。

（1）坚持课内与课外相结合

体育课是实现学校体育目标的基本途径，但除每周两节体育课外，各学校还必须积极开展早操、课间操、班级体育活动、课外体育训练等课外体育活动优化，因为，这些课外体育活动优化能够在多方面培养学生的素质和兴趣，使学生能够更加主动地参与到体育活动优化中去。学校体育只有将课内与课外活动充分结合，才能保证学生的体育活动时间，以达到增进学生体质健康的目的。

（2）坚持普及与提高相结合

学校体育工作要做到以普及为主，在此基础上提高，在提高的指导下普及。学校体育要从学校的实际情况出发，通过对部分有运动才能的学生的课外体育训练，提高他们的运动技术水平和运动能力。另外，在开展学校体育工作时，要注意合理安排学生的作息制度。

（3）学校体育要与健康教育、卫生保健工作相结合

学校体育工作与卫生保健工作是保证学生身心健康成长的两个重要方面，必须统筹安排，紧密结合。在对学生进行体育知识与方法指导的同时，学校及教师还要向学生传授系统的体育卫生保健知识，进行安全、健康教育，使学生能够将身体锻炼与保健养护有机结合起来。对于体弱和病残学生，学校应特别照顾，专门组织安排与他们身体情况相适应的体育活动优化项目。

（二）实现学校体育教学优化目标的注意事项

这里所说的目标的实现，不是泛泛地谈体育教学优化目标如何才能实现，而是从体育教学优化目标与教学对象、体育教学优化目标与教学内容以及教学目标与教学评价的种种关系的讨论中，揭示实现体育教学优化目标应关注的三个重要问题。

1. 体育教学优化目标与教学对象

体育教学优化目标的实现总是具体的，即具体地在每一个体育教学优化对象

身上实现。体育教学优化目标如何在每一个个体身上实现呢？我们从以下两个方面来看：

（1）保持体育教学优化目标的弹性

要保持体育教学优化目标的弹性，就需要做到以下三点：

第一，要了解学生的实际情况，或者尽可能地让学生了解自己的状况。

第二，制定出不同层次的教学目标，并允许学生选择不同目标。

第三，允许调整各自的目标。

（2）关注体育教学优化目标的"非预期性"

上述所讲的制定不同层次的目标，总体来说都是预期目标，是教学之前设想好的可能达到的境地。然而，在现代体育课堂中，教师越来越意识到事物发展变化的复杂性和不可预期性。[①] 因此，体育教师关注预期性目标的实际做法就是把教学目标分为基础性目标和发展性目标，其中，前者指可预期目标，后者则指非预期目标，对于这些目标，一般实行既不"封顶"也不预设的方式，开放地接纳任何意外"涌现"出来的学习结果或发展状态。

2. 体育教学优化目标与教学内容

实现体育教学优化目标，教学内容是关键。在今后的体育教学优化中，各学校应根据各层次的不同目标和教学实际，选择不同的教学内容。总的原则是：

第一，注重体育和健康教育的有机统一，加强体育健康知识教育。

第二，对竞技运动项目的规则、器材、场地进行适当调整，进行教材化改造，使竞技运动文化的传承和竞技运动健身有机统一。

第三，要注重挖掘民族体育和传统养生健身活动中健身价值较高的运动和方法，充实、丰富体育教学优化内容。

3. 教学目标与教学评价

教学评价是体育教学优化的重要环节，也是评定教学工作优劣的重要手段。只有定期对体育教学优化工作进行评价，才能了解教学目标的实现程度，从而实现体育教学优化过程的最优化。评价的主要依据就是体育教学优化目标，从所设定的目标出发，去检查体育教学优化工作实现目标的确切程度。通过不断的信息

---

① 滕大春，姜文闵. 外国教育通史：第二卷 [M]. 济南：山东教育出版社，1989.

反馈，不断纠正教学活动中的偏差，使一切教的活动和学的活动都紧紧围绕体育教学优化目标来进行，以提高教学效能。

二、实现学校体育教学优化目标的基本途径

学校体育教学优化工作主要包括体育与健康课、课外体育活动优化、课外运动训练和体育竞赛等内容，这些内容是实现体育教学优化目标的基本途径。

（一）体育与健康课

根据教育部制订的教学计划，各学校一般都开设了"体育与健康"这一必修课，它是对学生进行系统的体育教育的过程，是学校体育的基本组织形式。体育与健康在课程标准、班级授课、体育教师、场地设备等方面均是独立的，并且是被规定进行成绩考核的科目，是实现学校体育目标的重要途径之一。

（二）课外体育活动优化

课外体育活动优化是实现我国学校体育目标的重要组织形式，其活动形式十分广泛，不仅包括早操、课间操、群众性的体育活动、课外运动训练与课外体育竞赛，也包括在校外进行的郊游、夏令营、冬令营等。课外体育不仅能够提高学生运动技能，培养学生自觉地锻炼身体的意识和习惯，而且还能够发展学生的兴趣爱好，丰富学校的课外文化生活。总体来说，课外体育活动优化对学生各方面的发展都具有重要意义。

（三）其他体育健身活动

其他体育健身活动是指在学校教育的各个环节中开展的有利于学生增进健康、增强体质的活动。这些健身活动也是实现体育教学优化目标的有效途径之一。

第四章　学校体育教学优化的内容设置

第一节　学校体育教学优化内容的理论

要对学校体育教学优化内容的设置进行研究，就必须弄清体育教学优化内容的确切内涵，准确界定体育教学优化内容的概念，本节主要阐述学校体育教学优化内容的基本理论知识。

一、体育教学优化内容的概念和含义

（一）体育教学优化内容的概念

体育教学优化内容是指为了达到体育教学优化目标而选用的体育知识和技能的体系。它是在体育教学优化实践中教师"教"与学生"学"的实践材料，是教育者按照育人的要求，通过总结前人的体育和教育的实践经验，并在一定的原则和程序下，认真精选出来的体育知识和技能。同时，它也是联结教师与学生的"中介和媒体"，是师生进行信息交流的重要"纽带"。通常情况下，体育教学优化方法和手段往往会受到体育教学优化内容的制约和影响，因此，它也是直接影响体育教学优化目标和课程目标是否能够实现的关键要素。

（二）体育教学优化内容的含义

总的来看，体育教学优化内容主要包括以下两层含义：

1.区别于一般的教学内容

第一，体育教学优化内容是依据体育教学优化的目标选择、根据学生身心发

展需要和教学条件精选和加工出来的体育内容。

第二，它是以大肌肉群的活动状态进行教育的内容，包括体育练习、运动技术学习和教学比赛等形式。

第三，它是在一定体育教学优化条件下进行传授的。

2. 区别于竞技运动的内容

第一，体育教学优化内容以教育为目的，竞技运动内容则以娱乐、竞技等为目的。

第二，体育教学优化内容必须根据教育的需要进行必要的改造、组织和加工，而竞技运动内容则不必进行这种改造。

与其他学科相比，体育教学优化内容的形式有很大的不同。体育教学优化内容虽来源于娱乐、竞技等内容，但在体系上大不相同，这就形成了体育教学优化内容的独特性质，并使其在教育内容中占据了独特位置。正因为如此，也就使得体育教学优化内容的选择、加工和教学过程都更加复杂。

（三）体育教学优化内容的意义

体育教学优化内容在实现体育教学优化目标的过程中具有十分重要的意义，它不仅是构成教学活动的基本要素，而且还是实现体育教学优化目标的重要条件。在体育教学优化工作中，每一项体育教学优化内容的完成都会使其向实现最终体育教学优化目标更近一步。

对体育教师来说，体育教学优化内容可以说是其教学的直接依据。一个合格的体育教师必须能够深刻理解和熟练掌握体育教学优化的内容。当然，只满足这个要求是远远不够的。由于社会的不断发展与进步，这就要求体育教学优化内容要一直随之进行调整和改变，而人在特定时期内的认识能力总是有局限性的，所以，就需要体育教师对教学内容不断地进行学习和钻研，而这个过程就是教师达到合格标准和不断提高自身水平的进步过程。

除此之外，体育教学优化内容还对促进学生身心的进一步发展具有积极作用。但要将这种积极作用的发挥从理论上的可能性变为现实性，就必须通过教师对学生努力学习和训练教学内容的有效组织和指导来实现。这就要求体育教师必须善于教育学生，善于把国家规定和教师选定的教学内容变成学生实际感知的自我发展需要的学习内容，从而使教师负责地教和学生能动地学统一于完整的教学活动之中，使教师教有所进，使学生习有所得。因此，科学、合理地选定体育教学优化内容，不仅有利于学生顺利获得体育知识和技能，形成正确的体育意识和养成良好的行为习惯，还有利于培养学生良好的思想品德，发展学生的个性。

二、体育教学优化内容的特点

（一）运动实践性

体育教学优化内容是由体育运动项目和身体练习构成的，与身体运动的实践紧密相关，这也是它与其他教学内容的最大差异。对于体育教学优化的学习不仅表现在学生的思维活动上，而且还强调学生能够从实际身体活动中的肌肉本体感觉形成动作记忆。也就是说，体育教学优化内容的学习不止解决学生知与不知、懂与不懂的问题，更注重学生会与不会的问题，它的思维和行为是紧密相连的。因此，体育教学优化内容的学习特别强调"从做中学""从练中学"。

（二）健身性

从广义体育的角度来看，体育就是增强体能、增进健康的教育。体育教学优化内容的学习过程实际上是学生学习一定的体育知识和技能，并从事身体练习的过程。学生在进行身体练习的过程中，必然要承受一定的运动负荷。体育教学优化是以增强学生体质、增进学生健康为目的，通过合理适当的运动负荷与强度，对学生进行体育训练的教学活动，并且体育教学优化活动的这项独特作用是其他任何一门课程的教学内容都无法具备和取代的。

（三）娱乐性

在我国，体育运动由来已久，多是在传统文化熏陶下产生和发展而来的，是一种具有运动性、竞技性的游戏，自然具有趣味性、娱乐性的特点。而体育教学优化内容中的体育运动项目大部分也来源于此，因此，体育教学优化内容具有一定的趣味性与娱乐性。体育教学优化内容的学习主要是在运动学习与运动比赛的过程中完成的，而运动乐趣就是体现在此过程中的竞争、协同、克服、表现等，以及受教育者从新运动的体验和学习进步的成就感中显现出来的，其主要体现在运动的环境、场地、比赛规则、比赛形式等的变化和加工方面。受教育者在接受体育教学优化内容时，必然存在对这些运动乐趣的追求动机。在追求的过程中，学生会获得竞争与合作、成功与失败的体验，并使情感得以深刻而丰富的陶冶，从而愉悦身心。

（四）人际交往的开放性

体育教学优化内容大多是以集体活动的形式来进行的运动的学习和竞赛，而运动是以时空的变动方式来进行的。人的交往会随着体育运动学习、练习和比赛而变得频繁，因此，体育教学优化内容有着比其他教育内容更为明显的人际交往的开放性。体育教学优化内容以这种人际交流的开放性为基础，构成对集体精神、竞争精神协同培养的独特功能，使师生、学生之间的关系在体育教学优化内容的学习过程中更加密切、开放；而且，在一些以小组进行的内容中，各组内的分工也变得明确。体育学习中的各种角色变化远远多于其他学科，所以，体育课能有效地培养学生的社会适应能力。

（五）非逻辑性

与一般学科的教学内容相比，体育教学优化内容具有独特性，其内容的排列既不是较清晰地由易到难、由简到繁的阶梯性结构，也没有明显地从基础到高级的逻辑结构体系，而是复合螺旋式结构。体育教学优化内容主要是由众多的相互平行的、可以替代的运动项目和身体练习组成的，并且包含了丰富的体育与健康的理论知识。这增强了体育教学优化内容选择的灵活性。[①]

三、体育教学优化内容的来源

究其源头，体育教学优化内容与生产劳动和军事有着千丝万缕的联系。在古代，人们的身体活动更多是为了生产劳动或军事训练，一切体育教学优化内容或称为身体教育的内容都是围绕着这一目的产生而发展的。但自从文艺复兴之后，特别是在英国的工业革命之后，户外运动大肆兴起，教育教学理念随之不断更新，体育教学优化的内容越来越贴近生活，现代体育教学优化内容主要来源于以下五个方面：

---

① 杨海庆.西方近代体育思想史研究[D].苏州：苏州大学，2015.

（一）现代竞技运动

现代竞技是在古奥林匹克竞技和英国户外竞技的基础上，顺应现代社会的发展而形成的。在百余年的发展中，现代竞技运动逐渐形成了以现代奥运会为主要代表形式、以各民族传统竞技项目（主要指一些具有较强竞争性，能够在一个国家或几个国家盛行的项目，如英式橄榄球等）为重要补充内容的一种全球化的、特殊的体育文化形态。现代竞技运动具有很强的竞技性、娱乐性和健身作用，所以，普遍受到青少年的喜爱。随着现代竞技运动项目在全球的广泛传播，世界各国都将其作为学校体育课中的主要教学内容。

（二）民族传统体育

民族传统体育是指世界各族人民在生产和生活过程中所创造的兼有民族性和传统性的各种体育活动优化的总称。体育运动具有悠久的历史，在漫长的发展过程中，世界各国出现了多种多样的民族传统体育项目，如中国奴隶社会产生的"射"和"御"，中世纪欧洲"骑士教育"中的射箭、剑术，以及近代中国的武术、摔跤，日本的柔道、弓道、剑道，韩国的跆拳道等。这些民族传统体育项目都是对各民族文化的伟大传承，具有深厚的民族基础，因此，也受到了各国的重视，在各个国家的体育教学优化内容中也占据了重要的地位。

（三）休闲娱乐运动

生产力的发展和人们生活水平的提高，为休闲娱乐运动的蓬勃发展提供了更大的空间和有力保障，体育教学优化内容得到了极大的拓展，出现了许多深受青少年喜爱的新兴运动项目，如轮滑、攀岩、毽球、健美操、街舞等。这些内容不仅贴近生活，而且还具有极强的趣味性，易于推广，因此逐渐进入了体育课堂，成为体育教学优化内容的有力补充，极大地丰富了现代体育教学优化内容，增加了体育课的吸引力。

（四）军事运动

早期体育的产生与军事有着密切的联系，在被称为体育发源地的古希腊学校里，体育多是以军事教育体现出来的，多数的体育教学优化内容都来源于一些实用的军事技能，如"五项竞技"——赛跑、跳跃、角力、掷铁饼、投标枪。随着体育运动的不断发展，军事色彩不断淡化，与其相关的体育教学优化内容也不断减少，但仍保留了一些军事运动项目的内容。

（五）相关学科的内容

随着现代社会与科技的飞速发展，一些新兴教育学科相继出现，这不仅极大地促进了体育教育，同时也丰富了体育教学优化的内容，如生理学、心理学、保健学等学科的出现和发展，为体育教学优化的发展奠定了坚实的理论基础。如今，这些学科的一些原理与方法已充分融入现代体育教学优化当中，并成为其主要内容，如目前体育教学优化中的卫生保健知识和心理健康的内容都来源于这些学科的研究成果。

四、体育教学优化内容的分类

对体育教学优化内容进行分类的目的是梳理体育教学优化内容，使其体系更加清晰，与体育教学优化目标的对应更加紧密，并能根据教学过程进行合理的排列。

（一）体育教学优化内容分类的要求

第一，体育教学优化内容的分类并不是一成不变的，而是要在服从教育要求的基础上，随着社会和国家教育方针要求的改变而不断变化的，就算是根据目标进行的分类，也会因不同时期的要求而在内容方面有所增减。因此，对于体育教学优化内容的分类要有时代的观念。

第二，体育教学优化内容的分类必须符合逻辑的基本要求和原则，并且具有科学性。

第三，体育教学优化内容的分类应具有阶段性观念。学校各学段的教学目标并不是完全相同的，是根据不同的年龄阶段而变化的，因此，体育教学优化内容的分类也应随之改变。

第四，体育教学优化内容的分类应为体育教学优化实践服务，分类的正确与否还要在实践中不断地被验证。

第五，体育教学优化内容在进行分类时还应具有整体意识，因为它与体育教学优化方法和评价方法之间具有相互联系、相互结合、相互贯通的关系，同时体育教学优化内容与体育教学优化目标也是相互对应的，它们共同形成了一个有机的整体。

（二）体育教学优化内容分类的方法

体育教学优化内容是多种多样的，其所要解决的任务也是多方面的。体育教学优化内容的分类方法具有多样性和层次性。不同层次的分类应根据该层次的情况选择不同的分类方法，而同一层次的分类则应选择同一个分类标准。体育教学优化内容经常采用的方法是依据人体基本活动能力分类、根据身体素质分类、依据运动项目分类、综合分类。

第一，依据人体基本活动能力分类（2000年《九年义务教育全日制小学体育与健康教学大纲》）。内容：走、跑、跳、投、攀、爬、钻等动作技能划分。

第二，依据身体素质分类（1992年《九年义务教育全日制初级中学体育教学优化大纲》初二年级体育教学优化内容与分类）。内容：力量、速度、耐力、灵敏度、柔韧性等身体素质分类。

第三，依据运动项目分类（1996年《全日制普通高级中学体育教学优化大纲》限选教学内容分类）。内容：足球、篮球、排球、游泳、韵律体操和舞蹈等。

第四，综合分类（《九年义务教育教学大纲》初中体育教学优化内容的分类）。内容：通用部分体育基础知识和身体锻炼内容、田径、体操、球类、民族传统体育、韵律、舞蹈、身体素质，选用部分游泳、滑冰、地区/民族/民间体育等。

第五，依据体育功能分类（《体育与健康课程》高中体育教学优化内容分类）。内容：运动参与、运动技能、身体健康、心理健康和社会适应五个方面。

第二节　学校体育教学优化内容的选择

选好教学内容是体育教育中最为重要的问题。因为教师无法在有限的学时里教完全部的体育内容，所以，合理地选择教学内容是有效实现体育教学优化的根本途径与保证。

一、体育教学优化内容选择的依据

（一）体育课程目标

对于实现体育课程目标来说，体育课程内容是手段而不是目的。体育课程目标的多元性以及体育运动项目和身体练习的可替代性，增加了体育课程内容选择与组织的多样性。因此，在选择体育课程内容时就应该依据一定的标准。体育课程目标是选择组织课程内容的主要依据，这是因为体育课程目标作为体育课程编制各个阶段内容的先导和方向，作为对学习者的理想期望，是专家、学者、教师等经过周密的思考，认真研究了社会、学科、学生等不同方面的特点与需求的结晶。[①] 体育教学优化内容的选择必须依照目标，即有什么体育课程目标，便有什么体育教学优化内容。

（二）学生的需要及身心发展规律

体育教学优化的目的在于促进学生身心的健康发展，这就要求我们在选择体育教学优化内容时，应充分考虑学生的体育需要和兴趣，以增强学生的自主性为主，这对于有效的学习来说无疑是非常重要的。学习是一个主动的过程，这个过程需要学习者的积极努力。通常情况下，学习者对于自身感兴趣事情的学习欲望最大，此时就很容易参与其中，并获得成效。正如教育学家杜威所说，当学习是被迫的而不是从学习者真正的兴趣出发时，这种学习相对来讲是无效的。目前，据多方调查表明，很多学生都喜欢课外体育活动却不喜欢体育课，造成这一现象最主要的原因是学生对于教学内容不感兴趣。

对教学内容的接受程度是由学生的身心发展规律和特点决定的，体育教学优化内容必须是学生经过努力能够适应的。因此，在选择体育教学优化内容的过程中，教育者就需要根据学生的特点确定教学内容的深度、广度和难度。那种儿童中心论的观点是不可取的，但也绝不能忽略教学对象的实际情况。

（三）社会发展的需要

在学校教育中，体育教学优化说到底就是为学生未来的健康打基础，而学生

---

① 周登嵩. 学校体育学 [M]. 北京：人民体育出版社，2004.

的个体发展是不能脱离社会发展的，因此，必须根据现实社会与未来社会的需要进行体育教学优化内容的选择。体育内容的选择不可忽视未来公民适应社会发展所必需的体育素质，因此，体育教学优化内容要满足学生在身体、心理和社会适应能力等方面发展的需要。另外，只有将体育教学优化内容与学生和社会生活紧密联系在一起，体育才能真正成为趣之所在、志之所在，从而实现它的功能，所以，课程内容的选择，必须回归现实生活。

（四）体育教学优化素材的特性

1. 内在逻辑关系不强

内在逻辑关系不强是体育教学优化素材所具备的最大特性，也是导致相关人员无法完全按难易程度和学生的准备条件来排列素材顺序的重要原因。通常情况下，我们都是以运动项目来划分体育教学优化内容的，并且这些内容之间都是平行和并列的关系。例如，篮球和排球、体操和武术，从表面上看，它们之间似乎存在着某种联系，但又看不清是什么样的联系，更说不清这些教材应谁先谁后，谁是基础谁是提高。我们还无法从学科内容本身找到其内在规定性和顺序性。

2. "一项多能"和"多项一能"

"一项多能"是说一个运动项目可以达到许多体育目的，也就是经常说的"目标多指向性"。例如，健美操，人们可以用它来锻炼身体，也可以用它来进行娱乐和表演。也就是说，很多时候，一个人掌握了一项运动就可以为自己的多种目的服务。"多项一能"是指体育内容的相互替代性。简单来说，就是一个人可以运用多种项目来达到同一个目的，不必拘泥在某一个项目上。这个特性使得体育教学优化内容中没有什么非学不可和无法替代的运动，体育教学优化内容没有很强的规定性。

3. 数量大、归类难且内容庞杂

几千年来，体育运动随着人类的发展而发展，产生的项目不计其数，其内容千姿百态，对于身体素质的要求也多种多样。这就是体育教师难以精通全部体育项目的原因，也是体育师资培养提出"一专多能"要求的缘故，也是体育课程专家难以找出最权威的运动项目组合，难以编出适合一切地区和教学条件的教材的缘由所在。

4.各项运动的独特乐趣

在体育教学优化内容中，每项运动都有各自独特的乐趣，如篮球和足球运动，其运动乐趣是在激烈的直接对抗中运用运动员的技术和其与队友之间的配合将球攻入对方的篮（门）中的有趣体验；排球和网球等隔网类运动的乐趣，是在双方队员在各自的场地中进行巧妙的配合，通过多次网上往返和争夺后使得对方无法将球击回而取胜获得的有趣体验；在体操运动中，则是运动员通过控制自己的身体达到一种难以完成的非正常体位，从而体验其中的乐趣；在保龄球、飞镖、高尔夫球、台球等目标类运动中，其乐趣来源于经过长时间锻炼达到操作的稳定性，并在实践中用精确结果来验证自己的预想能力；在攀岩、登山等户外型运动中，其乐趣则主要是运动员获得征服自然后的超越感，在优美或险恶的环境中检验自己的能力。体育运动的这个特性使运动者在体育教学优化中无法忽略运动的乐趣，这就是为什么会有"快乐体育"的理论和实践存在，并能在很大程度上指导体育教学优化改革的原因所在。

二、体育教学优化内容选择的原则

（一）教育性原则

我们在面对体育素材的时候，首先应从教育的基本观点去审视它们，看它们是否符合教育性原则，与国家、社会的价值观念是否冲突；看它是否对学生的身心发展有利，包括是否有利于学生的身体锻炼。[1]一般来说，在选择体育课程内容时，一方面应紧扣体育课程的主要目标，把"健康第一"的指导思想作为确定体育课程内容的基本出发点，另一方面还要重视教学内容的体育文化含量，以增进学生的体育文化修养。学校体育的目标是促进学生在品德、智力、体质等方面的全面发展，并坚持理论和实际相结合的原则，体育教师不仅要讲述人体科学知识，使学生取得锻炼身体的实际效果，同时还要使学生增进体育文化修养，受到思想品德教育，促进身心双方面的健康发展。此外，体育教学优化内容还要符合不同学段学生的身心发展的特点和规律，充分考虑学生的个体差异与不同需求，

---

① 杨海庆.西方近代体育思想史研究 [D].苏州：苏州大学，2015.

确保每一位学生受益。体育教学优化内容的选择还要符合不同地区、不同学校的实际情况，确保体育教学优化具有较大的选择空间和灵活性。

（二）科学性原则

在选择体育教学优化内容时，不仅要注重体育运动的健身性和兴趣性，而且要注重未来体育课程内容的科学性。其科学性主要包括以下三层含义：

第一，教学内容要有利于学生身心的协调发展。在体育教学优化活动中，一些内容虽然能够增进学生的身体健康，但对学生的心理健康有害；反之，一些内容虽然在增进学生身体健康方面作用不大，但可促进学生的心理健康。因此，体育教学优化的内容要努力使学生在愉快的活动中促进身体的健康。

第二，教学内容要有利于学生了解科学锻炼的原理和方法，从而增强学生锻炼的自觉性和积极性。

第三，教学内容本身的科学性，要注意防止一些不科学的活动内容进入体育课堂。

（三）实效性原则

随着社会经济的不断发展，体育课程也将成为一门以身体活动为主要手段、以增进中小学生健康为主要目的的课程。换句话说，一切对学生健康有利的教学内容都将被纳入选择的范围之内。所谓实效性是指某一活动是否简便、实用且有助于学生的身心健康。《基础教育课程改革纲要（试行）》在教学内容的改革方面强调："改变教学内容'难、繁、偏、旧'和偏重书本知识的现状，加强教学内容与学生生活以及现代社会和科技发展的联系，关注学生的学习兴趣和经验，精选终身学习必备的基础知识和技能。"也就是说，体育课程内容的选择不仅要注重学生的体育兴趣和经验，而且要选择在社会上普及度高、深受大众喜爱且健身娱乐效果良好的运动项目，以便为终身体育奠定基础。

（四）趣味性原则

兴趣是最好的老师。在选择体育教学优化内容时，教育者一定要根据学生的年龄和性别特点，选择那些学生感兴趣的、娱乐性比较强的、在社会上广泛流行的体育素材。通常情况下，我们所着重关注的往往都是竞技运动项目教学的系统性和完整性，将学生当作运动员来进行培养，从而忽略了竞技体育项目本身所具有的健身和教育价值。这就导致了很多学生对体育课的教学内容失去了兴趣，甚至对体育课产生了厌恶、抵触心理。

（五）民族性与世界性相结合的原则

在选择体育教学优化内容时，我们不能故步自封，更不能崇洋媚外，应在充分汲取中华民族传统体育素材精华的同时，借鉴和吸收国外体育课程内容设置的优秀经验和合理内核；不仅要做到与时俱进，而且还要体现时代性、发展性、民族性和中国特色。

三、学校体育教学优化内容选择的过程

（一）认真审视体育素材

学校体育的教学内容是与社会的需要紧密相连的，因此，学校在选择体育教学优化内容时，要从社会的生产生活、科技教育等发展的实际出发，考虑社会的发展对人的影响与要求，并以此为基点对现有的体育素材进行分析与评价，要反复分析所选内容对学生身体健康、学习主动性以及思想品德等方面的提高是否有促进作用。

（二）充分整合体育运动

在学生参加体育运动时，不同的项目和练习程度对其身心所产生的影响也不同。在进行学校体育教学优化内容的选择时，必须以学校体育教学优化目标为根本依据，对各个体育运动项目促进学生不同身体功能的发展进行认真分析，将各个体育运动项目与身体练习进行整理与合并，作为形成学校体育教学优化内容的基本素材。

（三）选择运动项目

体育运动项目与身体练习具有多功能性与多指向性的特点，因此具有明显的可替代性。在众多的体育运动项目中，虽然很大一部分都可作为学校体育教学优化内容的素材，但由于学生在学校接受体育教育的时间是固定的，这就使得其中很多体育运动项目都无法被选入体育教学优化内容当中。学校体育教学优化内容

在选择时，要以社会的需求与条件为依据，充分结合不同学段学生的身心特点与兴趣爱好，在众多的体育运动项目和身体练习中选出比较典型和常见的体育活动来作为学校体育教学优化的内容。

（四）选择有效的运动项目

有效的运动项目的选择是依据具体的教学目标进行的。由于学生在不同的年龄会有不同的身心特点，而不同年级的学校体育教学优化目标也不相同，因此，在选择运动项目和教学方法时，要针对不同年级的学生，选择不同的教学内容，而这些内容必须是符合这一学段学生身心特点与知识水平的。

（五）可行性分析

学校体育教学优化内容受地域、气候和场地器材条件的制约与影响，在选择内容时，一定要充分考虑场地器材的可行性。

第三节　学校体育教学优化内容的加工

在对体育课程资源的开发与利用部分，新课程标准明确阐述了要加强对体育教学优化内容的加工改造，使教学内容更加符合学生的全面发展。

一、利用动作教育模式创编体育教学优化内容

动作教育是出现在欧美的一种体育教育思想和体育教材方法论。其特点是按照人体的运动原理将一些竞技体育运动加以归类，要针对儿童、青少年特点进行教材设计，如教育性舞蹈、体操等教材适用于小学低中年级，有利于学生基本活动能力的形成。动作教育还可以通过游戏活动、康复训练等多种形式渗透到日常生活中。[①]动作教育不仅要重视身体机能的养成，同时还要重视身心的协调发展与障碍的康复。动作教育中的游戏带有很强的角色性和竞争性，凡参与者都要按照动作教育或游戏规则，以不同的角色来处理不同的人际关系并从中体验社会互动和游戏结果所提供的价值，以此对自我和他人在游戏中的行为作出评价。

---

① 周登嵩. 学校体育学 [M]. 北京：人民体育出版社，2004.

二、通过游戏化来创编体育教学优化内容

这种教材化多用于改造那些比较枯燥的单一的运动，如跑、跳、投、体操、游泳等运动，其特点是将这些单调的运动用"情节"串联成游戏，并强化协同和竞争的要素，这种创编形式的好处就是既可以增加运动的趣味性，提高参加者的兴趣；又不会改变练习的性质，还可增强练习的效果，如用游戏手段对跳高教学内容进行创编，可运用以下手段：

连续跳跃障碍物接力、兔跳接力、跳绳跑接力、跳五边形橡皮筋追逐跑、跳起触摸一定高度的橡皮筋、跳不同高度的橡皮筋接力赛。

三、结合体育原理和知识创编体育教学优化内容

这种创编形式的特点就是挖掘运动"背后"的原理和知识，并将其"编织"在探究式的体育教学优化过程中。通常情况下，发现式和启发式的教学方法会被同时运用。例如，教师在体育课上组织学生举行拔河比赛，在传授学生拔河技巧、分析胜败原因时，可以通过物理学中的牛顿第三定律来讲解；通过拔河两队的受力比较可以让学生了解到，只要所受的拉力小于地面的最大静摩擦力，就不会被拉过去。队员可以穿鞋底有凹凸花纹的鞋子来增大与地面的摩擦力，以保证比赛的胜利。这种创编的优点是有利于提高学生对运动原理的理解并获得举一反三的教学效果，比较适合高年级的学生。

四、融入体育文化，创编体育教学优化内容

这种创编形式主要能让学生在教学中体验到运动文化的情调和气氛，如以中国传统体育文化为主题，让学生了解传统体育文化中修身养性的基本理论，为其养身、健身、强身服务，同时加强对中国传统体育文化中舞龙、舞狮、气功、武术等内容的理解，指导学生阅读中英文体育文学作品、欣赏竞技运动比赛，结合学生的兴趣爱好提供获取体育文化知识的渠道，提高其体育素养和审美能力，让学生欣赏由希腊雕刻家米隆所创作的"掷铁饼者"雕像，感受所雕刻的运动员手拿铁饼做欲掷状的姿态，那是对无穷力量的崇高向往、对更高目标的完美追求，更是力量之美和智慧之美的原始结合。这种形式有利于学生对体育文化的体验和理解，适用于高中和大学的学生。

五、采用生活化、实用化等形式，创编体育教学优化内容

这种创编形式的体现主要有野外化，即把在室内或正规场地进行的竞技运动改造为在野外的非正规场地可以开展的项目；冒险运动化，即在原有的体育项目上增加一定的惊险性；实用化，即与实用技能相结合；生活化，即根据生活的条件进行项目改造等，其特点是能够贴近学生的现实生活和实际需要，既能传授比较实用的运动技能，又能调动学生的直接学习兴趣，也增加了教材的趣味性。例如，开展健美操、现代舞、街舞、韵律操等新兴运动项目的学习，不仅能够激发学生的参与热情和运动兴趣，而且还能使体育与健康课程尽可能向学生的生活、社会和大自然方向延伸。当然，这并不代表创编的内容越新潮越时髦越好，而是要实事求是地按照学校和师生的自身条件及喜好来合理选择新兴运动项目。

六、改造运动项目，创编体育教学优化内容

这种创编形式主要在原运动项目的基础上进行基本结构方面的改造，从而将其改变成一种新的运动方式。这种改造主要是为了适应教学的需要和学生的特点，通过对该竞技项目可行性的充分研究与分析，进行多方面的改造、加工、延伸和拓展，并进行合理的排序、组合和创编，使它成为有价值的体育教材和体育手段。另外，在进行运动项目创编时，必须以体育课程目标的具体要求为依据，同时还要遵循体育规律和健身原理。这种创编形式充分适应了广大学生的实际所需，使学生既能增强体能、增进健康，又能减轻运动时的生理负荷量。

七、开发利用民族、民间传统体育内容，发展新兴体育运动项目

对体育教学优化来说，民族、民间体育项目有着广泛的群众基础和深远的社会影响，是相当重要的教学内容。一些少数民族的民间体育活动因具有强烈的趣味性和娱乐性而深受青少年的喜爱。其中，一些适合教学需要的，如踢毽子、打陀螺等类型的传统体育项目就被直接运用到了体育教学优化内容中；而一些需要进行改编后才可运用的，如跳竹竿等项目也可作为教学内容引入课堂。这样不仅有利于民族体育文化的继承和发扬，而且还可以培养学生的创新能力。

当然，创编体育教学优化内容的形式是多种多样且灵活多变的，一些生活中

的用品也可以被加以利用制成简单的教学器材，如空饮料瓶、易拉罐、塑料袋、课桌凳、自行车废旧轮胎、旧报纸等。在空饮料瓶中装满水或沙子，可以制作简易的投掷物或标志物；废旧报纸可以用来做投掷练习的器材，如纸棒、纸球、纸飞机等。这些器材资源不仅实用又安全，还可以一物多用，既可以丰富教学内容，又可以为教学目标的达成提供有力的保障。

八、以运动处方形式创编体育教学优化内容

这是一种按照锻炼的原理，将运动的强度、重复次数、速率等因素加以组合排列，根据学生不同的需要进行锻炼和教学的创编形式。这种形式有利于教会学生运用运动处方锻炼身体，是一种不可缺少的体育教学优化内容的创编形式。

第四节 学校体育教学优化内容资源的开发

从根本上来讲，学校体育内容资源的开发是指体育课程资源的开发和利用。体育课作为学校体育的重要内容，在体育教学优化过程中起着主导作用。资源的开发利用也是有效促进学校体育教学优化内容发展的必不可少的要素。

一、体育课程资源开发利用的意义

从实质上说，体育课程资源的开发和利用就是有针对性地探索和创造一切有可能进入体育课程建设的各种因素，并充分挖掘这些资源的教育教学价值。一般来说，体育课程资源具有自身独特的特点，它的开发利用对体育课程建设具有针对性意义。认识这些意义并对课程资源的开发利用进行原则构建，这对于当前的体育课程改革是很有裨益的。

（一）体育课程资源的开发能够健全体育课程理论

体育课程资源的开发有助于丰富体育课程理论，完善体育课程内容体系。体育课程的研究以课程资源为依托，体育课程资源的开发利用涉及哲学、社会科学、自然科学等许多学科；在课程资源的开发利用中需要统筹兼顾主客观的条件，系统规划人、财、物、信息、时间等资源，可以使体育课程扩展自身的学科体系，

增加与其他学科交流的机会，以便于借鉴和吸收这些学科中的有用之处，并以此来优化自身的学科体系，从而取得自身理论的创新和发展，丰富自身的理论体系。

体育课程改革是一个顺应社会发展和学生适应能力的新观念，直接涉及人的培养与发展，是以人为本，注重全体学生的全面发展与个性差异相统一，培养学生实践能力和创造能力的课程。充分贯穿体育大课程观念，是体育课程资源开发与利用过程中非常重要的一环，不仅可优化学生的体育学习方式，提高学生社会适应能力，同时还能够培养学生鉴别、筛选、运用体育课程资源的能力，增强学生对体育的兴趣和自信心，使学生能创造、会合作，促进学生生动、活泼、健康的发展。在开发利用过程中，相关人员要充分建立课堂体育、校园体育、生态体育和社区体育课程资源之间的良好转换机制，发挥出课程资源开发利用的良好效果，从而能使教师、学生、研究者建立起课堂体育、校园体育、生态体育和社区体育这一大体育课程观。

（二）体育课程资源的开发能够保障新课程内容的实施

体育课程资源的开发能为新课程内容的实施提供保障，利于推进学校体育总体改革。目前，我国正加大力度对学校体育进行改革，更深入指导思想、目标、评价、结构、管理和设置等各个方面。只有全面、系统、有条不紊地进行，才能取得体育改革的成功。体育课程在学校体育的改革过程中发挥着重要作用。作为学校体育的主战场，体育课程可以说是成功实现学校体育改革的关键因素。而体育课程资源是体育课程改革的支持和保障系统。体育课程资源的开发利用涉及课程改革的指导思想、目标、评价、管理以及教师和学生等许多重要的方面，对学校体育的总体改革能起到积极的推进作用。

在课程活动中，课程实施是最复杂多变的，几乎涉及教育的一切主客观因素和一切影响课程的因素，是非常关键的存在。在体育课程的实施过程中，教师和学生是体育课程的共同创造者，他们开发利用了体育课程专家的指导与设计，教师与学生的经验对体育课程的价值取向有深远的影响。在资源方面，无论是时间、信息、自然资源以及场地、器材等物力资源，还是系统规划、科学组织等方面的体育课程资源，都将对体育课程实施产生强有力的支持作用，有利于体育新课程的顺利实施。

（三）体育课程资源的开发能够促进素质教育发展

体育课程资源的开发有利于推进素质教育的进程，提高体育教育的质量。素质教育以学生为本，致力于全体学生的全面发展，在科学地把握每位学生的现实发展状态和发展潜能特点的基础上，使每一位学生都能够积极、主动地充分发挥自己的潜能和个性。体育课程资源的开发利用过程就是贯穿和体现素质教育理念和目标的过程。在体育课程资源的开发利用过程中，学生各方面的能力都将得到更好的培养，如实践能力、动手能力、思维能力和创新能力等，使学生形成积极、正确的人生态度和体育价值观，通过改变学生的体育学习方式，来提高学生的体育人文素质。体育课程资源的开发和利用，是在尊重体育学科自身特点的基础上，大力发挥学生的主体作用和教师的主导作用，积极促进师生之间、学生之间以及师生与体育课程资源之间的互动，从而达到促进学生和学科健康发展的目的，提高体育教育的质量。①

（四）体育课程资源的开发能够提高课程资源意识

体育课程资源的开发有利于提高课程资源的意识，且促进终身体育意识的形成。课程资源是随着体育课程改革的逐步深入慢慢进入人们视野的，培养课程资源开发利用的意识，是在体育课程资源的开发利用过程中不容忽视的，同时也要积极探索、建立良好的体育课程资源转换机制。这种意识的培养和形成，能更好地进行终身体育的培养。

二、体育课程资源的概念与分类

（一）课程资源的概念

课程资源与课程关系十分密切，它们相互依赖、相互促进。没有课程资源就无从谈起课程，有课程就一定有课程资源。从概念的内涵和外延上来看，课程资源的外延范围要比课程大得多。广义的课程资源是指有利于实现课程目标的各种因素，狭义的课程资源是指形成课程的直接因素来源。

---

① 赵荣昌，张济正. 外国教育论著选 [M]. 南京：江苏教育出版社，1990.

（二）体育课程资源的分类

1. 按功能分类

这一分类方法可将体育课程资源分为素材性资源和条件性资源两类。所谓素材性资源，是指那些作用于课程并且能成为课程的素材或来源，包括体育课程的培养目标、教师的专业技能和知识水平、教材的结构、教学方法以及学生的活动方式等多个方面的内容。所谓条件性资源，是指那些虽不是构成课程的直接来源，但却在很大程度上决定着课程的实施范围和水平的一类资源，包括体育课的上课时间、场地、设施、环境等。在体育教学优化实践中，许多课程资源同时包括了素材性资源和条件性资源，如图书馆、互联网、体育报刊等。

2. 按空间分类

这一分类方法可将课程资源分为校内课程资源和校外课程资源两类。一般来讲，校内课程资源的开发利用应占主要地位，校外课程资源更多地起辅助的作用。

总体上看，体育课程资源的开发和利用，需要进行综合识别、选择、加工和运用，才能达到理想效果。

三、体育课程资源开发利用的原则

课程资源是课程实施的保障系统和支持系统，合理、有效的开发与利用体育课程资源能够推进体育课程改革的力度，为课程正常、高效的运行提供保障。体育课程资源可以说遍布我们生活的方方面面，对其的开发和利用多种多样，且范围很广，而这就要求我们在开发利用体育资源的过程中，遵循一定的规则，以避免开发利用的低效性和盲目性，并弥补体育课程资源的闲置和短缺。本部分内容试着从以下四个方面对体育课程资源开发利用的原则进行构建。

（一）目标导向性原则

体育课程资源的开发与利用是相对于体育课程目标来进行的，同时，它也是为体育课程目标的实现服务的，这需要在进行体育课程资源的开发利用时，充分依据体育课程目标。在不同的教学阶段，体育课程的教学内容和目标并不相同，课程资源的开发与利用要根据不同阶段的不同教学目标进行开发，同时，教师还要掌握不同阶段学生的身心发展水平和特征、所学内容的特点，以及它们之间的内在联系。例如，在进行篮球教学时，教师需要让学生了解一些分篮球文化知识。这时候，教师可以给学生介绍篮球的发明及发展过程，国内的 CBA（中国职业篮球联赛）和国外的 NBA（美国职业篮球联赛）的情况，以及一些篮坛的新闻和趣事。对于中学生可以介绍一些关于篮球发明、发展方面的知识，而对于大学生则可以多介绍一些较有深度的相关内容，可以和大学生一起讨论姚明进入 NBA 对于中国篮球体制改革和竞技体育体制改革的意义等。可以看出，开发利用这些体育课程资源是根据相应的课程目标以及学习对象和所学内容的特点进行的。由此看来，在开发利用体育课程资源的过程中，我们首先要明确所要实现的课程目标，认真分析实现体育课程目标的各相关课程资源的性质和特点，从中筛选择优，保证开发利用课程资源的有效性。目标导向性原则是开发利用体育课程资源中的核心原则。

（二）安全性原则

在体育教学优化中，课程教育的主要塑造对象是成长中的学生，一切课程都是为了培养学生各方面能力，使学生健康地发展。也就是说，为了使学生更好地生活、学习和发展，安全性原则就成为进行体育课程资源开发利用时必须遵循的原则。尤其是在体育教学优化中，安全性原则就显得更加重要。一般情况下，体育课程都是在比较开放的自然环境下实施的，而自然界本身就存在各种未知的潜在因素，而我们对于这些因素并没有比较系统的了解，更不能提前预知或阻止其发生，因此，在进行体育课程教育时，稍有不慎或粗心大意就有可能导致意外的发生。例如，攀岩运动既可以锻炼学生的体力和耐力，又能够培养学生的勇气和品质；但一直未得到普及，从未被充分利用，这均是因为此项运动危险性极高，且缺少安全的保护措施。同时，在我们周围一些具有潜在危险的体育资源项目很多，在对这些项目进行开发利用时，安全性原则也是必须遵守的。由此来看，加强安全教育无论是对学生还是教师来说，都具有非常重要的意义，这同样适应在开发利用体育课程资源的过程中，强化课程资源开发主体的安全意识，做好组织工作，在保证安全的情况下才能进行课程资源的开发利用，对学生负责。

（三）经济性原则

我国是一个人口众多的国家，有限的教育经费无法满足各地区学校体育课程的需要。开发利用体育课程资源的过程中需要有一定的人力、物力、财力和时间作为投入，同时，完善的师资力量在体育教学优化活动中也是非常重要的。因此，要进行体育课程资源的开发，各方面的因素都要考虑得当，尤其是对于一些比较偏远落后的山村来说，要坚持"投入少，回报多"的原则进行体育课程资源开发。简单来说，遵循经济性原则就是根据各地区不同的经济文化水平，开发利用符合当地教育的、可充分利用当地资源且投入少的体育课程资源，如四川省岳池县就对当地体育课程资源进行了创造性的利用和开发。由于学校的体育经费紧张，缺乏足够的教育场地和器材，因此，学生对于体育课程的兴趣也并不是很高。学校负责人很快意识到事情的严重性，在经过了一番体育教学优化改革之后，他们充分利用当地的资源，用很少的投入制造和开发了数项体育项目所需的器材；利用当地的地形优势，将学校房前屋后的空地、小山包、古榕树等建造成理想的场地和设施。这些体育课程资源的开发利用不仅解决了学校经费少的问题，而且还在很大程度上增进了学生对于体育学习的兴趣，更加符合学生生理和心理的需要。这种既经济又有效的思路，对于各地进行体育课程资源的开发利用有很好的启发和借鉴作用。

（四）乡土性原则

说到"乡土"一词，部分人的注意力只停留在"俗"或"土"之类的字眼上，这种观点是错误的，也是不可取的。乡土可以说是家乡的代名词，是具有朴实和亲切感的概念。乡土性原则也可以称为地域性原则，在不同的地区都有带有本地特色的、内容丰富的课程资源。遵循乡土性原则就是把这些其他地方没有的、优秀的体育课程资源挖掘出来。同时，遵循乡土性原则也要尊重不同地区、不同民族所特有的文化，引导学生认识本土文化，能够体验和比较不同地区、不同的民族文化差异所形成的独特项目。遵循乡土性原则，还要根据学生的特点以及受各地民族文化的影响程度来进行体育课程资源的开发利用。[①]

---

① 约翰·洛克.教育漫话 [M].北京：人民教育出版社，2006.

五、体育课程资源开发利用的途径

体育课程目标的实现水平和范围是由体育课程资源的开发利用程度直接决定的，后者对前者起着相当重要的作用。由于体育课程资源具有明显的自身特点，因此，我们在对其进行开发利用时考虑以下途径：

（一）充分发挥体育教材核心课程资源的作用

在体育教学优化内容中，教材占据了主导地位，它来自对课程方案和标准的选择和组织。其内涵主要体现在以下三个方面：

第一，使学生形成特定的知识体系所勾画的事实、概念、法则和论点。

第二，同知识密切相关，有助于各种能力形成并熟练、系统地习得心理作业与实践作业的各种步骤、方式与技术。

第三，与知识和能力体系紧密相关，奠定世界观基础，表现为信念、政治观和道德观的认识、观念和规范。

教材是依赖于大纲的教学内容，通用于全国各个地方，具有共同性。教材可以说是拥有最强大课程资源的载体，通常情况下，体育教师依据它来培养学生的基础能力。这就需要在开发建设体育教材时，为其建立一个合理的结构。要建立合理的体育教材结构，就必须做到以下两点：

第一，要了解不同地区的体育教育现状，不同学生的基础差异，以及各地对旧教材的反馈意见，总结旧教材的优点和缺点，为新教材提供经验支持。

第二，要明确体育课程的培养目标，使体育教材的选编具有针对性。

教材的内容既具有统一性，又具有多样性，为了保证其质量，必须将两者充分结合起来，同时还要最大限度地适应不同地区体育课程的需要。由于课程资源数量和种类众多，对它的采集、选择和加工，以及对于国外先进教材编制经验的合理借鉴和应用就成为开展这项工作最大的难题。在体育教材选编工作结束后，相关人员要灵活运用该教材。因为体育教材具有共同性，所以，教师在贯彻实施时，要在充分考虑共性部分的基础上，运用自身的创造能力对其进行改造，使教材的实施更灵活，方法更科学，从而收到更加令人满意的效果；同时，各地在进行教材实施时，也要根据本地的具体情况灵活应用。教师需要因地制宜、因人制宜，根据学生的情况和教学任务选用和创编教材，延伸教材。

对于学生来说，要充分注重其喜好和体育本身的趣味性，抓住学生对体育的真正需求。同时，还应注重民族传统体育的挖掘和开发利用，因为传统的体育项目蕴含着优秀的体育文化。对教学内容、课堂气氛和学生的身心健康各方面都有积极的促进作用。综上所述，对于体育教材这个主要课程资源的研究，要建立在能够充分理解其内涵和灵活运用的基础上，以便充分发挥它的核心作用。

（二）积极挖掘教师和学生等生命载体的课程资源

课程资源的载体可谓多种多样，如一些教学用具、课程标准、内容等体育教学优化不可或缺的、无生命的客观载体，以及体育教师、学生和社会人士等生命载体。由此来看，我们可以把课程资源的载体分为非生命载体和生命载体两种形式。其中，教师作为生命载体资源的主要载体，具有相当重要的作用。他们具有专业的知识技能，对于体育教学优化实施的各个方面也掌握熟练，不仅具有丰富的思想和全面的体育学科知识，而且还能够熟练掌握学生的身心特点和发育规律，并以此为依据，为不同的学生制定出不同的、符合其身心发展规律的指导方案；同时，结合教学任务和学生的实际水平与兴趣，灵活运用教材，在充分满足学生体育需要的基础上，最大限度地发挥体育课的作用，使学生的身心素质和体育技能都能得到有效的发展。所以，体育教师应不断提高自身的知识修养和教学水平，不断开发周围的课程资源，并充分结合教材，制定出更加适合新时期学生学习的教学内容。体育教师开发课程资源的重要作用充分说明了加快发展师资队伍的重要性和迫切性。

除教师外，学生也是体育课程资源生命载体中的重要载体，他们能够提供大量的素材性资源，对于体育课程的有效实施具有深远的影响。教师和学生都在体育课程资源的开发利用过程中发挥着重要作用，这就需要二者相互学习，相互作用，共同为建设丰富有趣且极具活力的体育课程努力。

（三）大力有效开发利用图书馆、多媒体、自然环境等重要的课程资源

体育课程资源拥有广泛的涉及面，不仅仅局限于有组织的体育活动优化中，还包括图书馆、网络、媒体技术、自然环境资源和竞技体育等。通常情况下，学生在学校参加的体育活动优化都是为了巩固其所学的知识，以及培养其形成锻炼习惯；而图书馆和网络的作用则是可以在第一时间阅览或浏览到与体育相关的一

切事物，无论是对传承史的形成还是当下最新的发展动态，都可以一览无余。而且，在网络上，学生还可以掌握一部分对其进行体育活动具有实用价值的知识和技能；多媒体和自然环境的作用都是为体育教学优化提供辅助，前者是宣传、演示体育活动优化的重要手段，后者能够有效培养学生的运动技能和应变能力，为教学活动增加趣味性和冒险性。这些课程资源的开发和利用都会丰富体育课程的内容，优化体育课程，促进体育课程的发展。

第五章　学校体育教学优化方法的选用

第一节　学校体育教学优化的方法简述

一、学校体育教学优化方法的概念

学校体育教育方法，实际上是指学校实施体育活动优化所有的手段和方式的总和。从广义来说，凡是人类社会为实现体育教育目的所创造的条件、选择的途径、采取的措施、运用的手段和方式等，都属于体育教育方法的范畴。就其构成要素来说，学校体育教学优化方法一般包括以下四个要素：

一是目标要素，任何一种体育教育方法都指向一定的教育目标，没有目标，也就无所谓方法，方法总是为目标服务的。

二是语言要素，包括多种形式的语言，如口头语言、身体语言等。

三是动作要素，包括身体各种运动动作。这是区别于德育、智育方法的主要特点。

四是环境要素，包括各种体育教育设施以及气候、风土等自然现象。

二、学校体育教学优化方法的分类

学校体育教学优化方法的分类是一个重要的理论问题。对于学校体育教学优化方法体系的建立，体育教师科学地选择和运用体育教学优化方法，提高教学质量是十分必要的。目前，按照达到体育教学优化目标的途径和活动方式，通常将学校体育教学优化方法分为教法、学法、练法和育法四种类型。

（一）教法类

教法类体育教学优化方法的出现是由体育教学优化方法体系的特殊性所决定的。教法类体育教学优化方法可以分为两种类型，即体育保健知识教学方法和体育技术技能教学方法。

1. 体育保健知识教学法

体育保健知识的教学方法与其他学科的教学方法非常相似。国内外对这类教学方法的分类研究非常繁杂。人们还是通过研究，总结出了这类教学方法的一些明显的发展趋势，具体表现在以下五个方面：

第一，由单纯指向学生认识活动到兼顾教学的情意活动。

第二，由单纯重视教学方法的结构和外部形态转向重视教学方法的功能和理论内涵。

第三，由单维划分向多维综合分类发展。

第四，由对常用教学方法分类到兼容国内外教学中涌现的新方法。

第五，由单纯经验归类到致力于从理论上建构方法体系。

需要注意的是，在向学生传授体育保健知识的过程中，必须注意教学的情意活动和它的多功能作用的发挥，同时还要注意将体育保健知识与体育活动优化实践紧密结合，提高这类教学方法的针对性。

2. 体育技术技能教学法

体育技术技能教学法就是我们通常所说的运动教学法。首先，实施这种教学方法要有明确的教学目的，即是侧重于掌握运动技术技能，还是侧重于发展身体或是要达到其他什么目的。其次，对于教学内容的处理，即需要明确是掌握技术技能、提高运动水平，还是利用这个内容掌握锻炼身体的手段，提高体育能力，或者是作为非智力因素发展的途径等。最后确定运用什么动作策略来实现教学任务。总的来说，这类教学方法不是呆板的，而是比较灵活、多变的，具体可以根据教学目的，有针对性地选择不同的教学内容及其侧重点，并随着活动方式的不同而采用与之相适应的动作策略。

（二）学法类

学法类是指指导学生学习的方法。在学校体育教学优化中，学生的学习主要应把握以下两个方面的问题：一方面是较好地掌握前人积累下来的知识和经验；另一方面是找到这些知识经验和自己实际的最佳结合点，并逐渐形成终身体育的意识和终身体育的能力。学法类教学方法的重点是使学生愿学、会学，最终达到能够学以致用的目的，并能形成良好的学习和锻炼习惯。

（三）练法类

练法类是学校体育教学优化中最具本质特征的方法。这种方法能够直接促进学生身体的发展、体质的增强，其意义重大。这类教学方法的主要目的在于教学过程中对方法的理解和练习时对身体运动的体验，而并不在于发展身体和增强体质的直接效果。锻炼身体的方法较多，其效果会因人、因地、因时而异。它既可以是单独的，也可以是成系列的、组合的。由此可见，在学校体育教学优化过程中，教学方法的关键是指导学生明确练法的作用和意义，掌握练习的策略，把握各种练法之间的相互联系，使学生能做到举一反三、合理运用。

（四）育法类

育法类是指对学生进行思想品德教育和美育的方法。作为教学方法的一种，育法类教学方法只有结合体育的特点来进行，才能取得理想的效果。充分利用这些因素培养学生高尚的道德品质和团结协作的精神，促进学生健康个性的发展和竞争意识的形成，引导学生追求健康美，建立正确的审美观，提高美的表现力和美的创造能力，是育法类教学方法的运用重点。

目前，人们在对这种体育分类方法的认识上存在分歧，其焦点是体育教学优化方法的范畴问题，还有运动教学方法和身体锻炼方法的联系问题等。这些还涉及教学论领域的一些深层次的理论问题，有待进一步研究。

三、学校体育教学优化方法的特点

（一）实践性

学校体育教学优化方法与体育教学优化实践是紧密相连的。作为一种动作策略，它具有很强的可操作性，体育教师的教学思想和综合能力要通过各种活动方式在体育教学优化实践中表现出来，同时，也必须通过实践来检验教学方法是否成功。

（二）双边性

学校体育教学优化方法是体育教师指导学生学习和锻炼的双边活动，是体育教师和学生相互联系、按一定方式活动的结合体。在体育教学优化的过程中，时刻发生着各种信息的双向交流，并不断地进行反馈调节来提高这种双边活动的效果。

（三）多变性

通常来说，学校体育教学优化方法十分丰富多样，可供选择的余地很大，且在体育教学优化过程中许多因素都会发生变化，如学生的基础、场地条件、器械数量和质量、气候等任何一个因素的改变，都会导致体育教学优化方法的改变；也就是说，一成不变的体育教学优化方法几乎是不存在的。在不同的场合中有不同的教学方法。同一种方法在不同的条件下，它的组织方法、活动方式、动作程序都有可能发生改变。

（四）系统性

学校体育教学优化方法不是孤立存在的，各种不同的体育教学优化方法是相互联系、互为补充的，共同构成一个完整的方法体系，在体育教学优化过程中发挥出综合效能，来完整地达成体育教学优化目标。无论哪种教学方法，其效果都是有限的，自身也会存在着缺陷。因此，学校体育教学优化目标的实现，必须依赖于整个体育教学优化方法系统作用的充分发挥。

（五）继承性

历史上一些在长期教学实践中总结出来的、行之有效的教学方法，能够准确地反映体育教学优化的客观规律，具有强大的生命力，它们是学校体育教学优化的宝贵财富，具有历史的继承性。此外，历史上也有一些传统的体育教学优化方法，存在许多有价值的部分值得我们去吸收和借鉴，可以对其有选择地加以继承和改造，使之成为一种新的体育教学优化方法。

（六）发展性

任何一种事物如果不能随着时代的发展、社会的进步而发展和进步，就会被淘汰。体育教学优化方法也是如此。这就要求其必须积极开拓、推陈出新，适应新的教学要求。需要指出的是，学校体育教学优化方法的发展除要根据新的形势创造新的方法以外，还需要对传统的教学方法进行调整和改造，赋予它们新的内涵，使之发展成为一种满足新的教学要求的新方法。

四、学校体育教学优化方法的作用

体育教学优化方法是学校体育教学优化活动的重要因素，不但在教学活动的过程中发挥着重要作用，而且在教学活动结束后也会产生深远的影响。具体来说，学校体育教学优化方法的作用主要体现在以下四个方面：

（一）有助于学校体育教学优化任务的完成

教学方法是学校体育教学优化过程中教师与学生双边活动的连接点。通过有效的体育教学优化方法将体育教师的教和学生的学紧密联系起来，成为完成教学任务的有效途径。如果没有有效的体育教学优化方法，那么完成体育教学优化的任务就无从谈起。

（二）有助于学校体育教学优化质量的不断提高

通常来说，一种科学、合理的体育教学优化方法能够充分利用各种有利的因素来调动学生的学习积极性，发挥他们的主观能动作用，从而使他们提高学习效率，收到事半功倍的效果，提高体育教学优化质量。

（三）有助于营造良好的体育教学优化氛围

一般来说，良好的体育教学优化方法能引起学生的学习兴趣，激发他们积极的学习兴趣，营造出一种奋发向上的学习氛围。一种好的氛围能使学生受到感染，又反过来影响学习过程，从而形成一种良性循环。在体育教学优化中，坚持运用这类教学方法，有助于体育教师在学生心目中树立威望，进而促进学生自觉、主动地学习，使体育教学优化过程中的气氛更加融洽，教学方法的实施更加协调自如。

（四）有助于促进学生身心的全面发展

一种好的教学方法蕴含着科学性，其运用的过程就是学生受到科学思想熏陶的过程，对学生心智的发展具有良好影响。反之，不良的教学方法会产生不良的影响，对学生心智的发展具有消极的作用。在学校体育教学优化的过程中，体育教学优化方法的实施过程往往是学生体验运动技术技能，进行锻炼方法教育的过程。因此，学生既要接受体育方法论的教育，又要使身体得到锻炼，使身心都能得到发展。此外，由于体育活动优化的特殊作用，良好的教育方法还能促进学生的情感、意志等非智力因素的发展。总之，体育教学优化方法对学生的身心发展具有十分重要的影响。

五、学校体育教学优化方法的发展趋势

（一）体育教学优化设备日益现代化

随着社会科学生产力的不断发展和教育事业的不断进步，学校体育教学优化方法也随着体育教学优化设备及设施的现代化而日益现代化。体育的课堂教学进入了一个新发展阶段，其标志性转折就是这一新兴教学方法的普及。它不仅在一定程度上开阔了学生的视野，也为学生展示了他们在体育课中无法感知和体验的东西。进入 21 世纪后，随着网络的飞速发展和计算机的广泛普及，计算机辅助教学把体育教学优化带到了一个新的感知空间。

（二）心理学研究的影响越来越大

体育教学优化所涉及的学科广泛，其中对其影响最大的是心理学科。众所周知，人的一切活动都是受心理控制的，学生对于体育知识和技能的学习过程自然也是一个复杂的心理过程。起初，体育教师主要以运动学习心理学和体育心理学来控制教学方法，但经过长期的实践证明，运动学习的心理范畴已经远远超出了体育心理学和运动心理学的研究范围，并开始以运动心理学研究来证明运动学习的过程，将一些研究成果逐渐应用于体育教学优化方法的改革上，如分散学习和集中学习特征的研究会直接对分解教学法和整体教学法的优选提供重要的理论支持，心理的念动理论已经使"念动训练"进入了体育教学优化等，特别是随着科

学的发展，心理学将会给体育教学优化方法的改进和创新提供更多的理论支持。

（三）体育教学优化方法的个性化、公平化和民主化日益突出

在体育教学优化中，学生的个性化越来越受到重视。教学主体不再是单纯的以班级为主体，而是由教师进行系统的教育。分层次进行教学，这也是个性化教学方法改革的关键所在。在传统的体育教学优化方法当中，教师多以口令法和讲解法对体育技能进行教学，随着以体育实践能力为培养目标的确立，以及民主化教学的普遍应用，要求学生对于体育技能的学习要具有自主性，深入探究适合自身特点的学习锻炼方法，这也就使民主和谐的体育教学优化方法成为体育教学优化发展的必然趋势，如近年来的小群体教学法、快乐体育教学优化法等就充分显现了民主化教学方法的趋势。[①]

第二节　学校体育教学优化的主要方法

一、语言法

语言法是指在学校体育教学优化中，体育教师运用各种形式的语言指导学生学习，达到教学要求的一种方法。正确使用语言法对学生顺利地完成学校体育教学优化任务具有重要意义。一方面，它能使学生明确学习任务，端正学习态度。另一方面，它还能启发学生积极思维，加强对教材的理解，从而加速对体育知识、技术、技能的掌握，提高学生锻炼身体，发展体能的自觉积极性，培养学生分析问题和解决问题的能力。

一般来说，在学校体育教学优化中，语言法的形式主要有讲解法、口令和指示法、口头评价法、口头汇报法、默念和自我暗示法等。

（一）讲解法

讲解法是体育教师对学生说明教学目标、动作（练习）名称、动作要领、动作方法、规则与要求等，指导学生进行运动技能学习，掌握运动技能的一种教学

---

① 卢梭.爱弥尔：论教育 [M]. 北京：人民教育出版社，2001.

方法。在学校体育教学优化中，运用讲解法时应注意以下五个方面的问题：

第一，明确讲解的目的。在学校体育教学优化中，体育教师的讲解必须根据体育教学优化目标、教学内容、学生特点，科学选择讲解内容、讲解方式、讲解速度和讲解语气，同时注意抓住重点和难点，有目的、有针对性地进行讲解。

第二，讲解内容要正确，符合学生的接受能力。它要求体育教师讲解的内容要符合技术原理，做到准确无误。另外，讲解的广度和方式要符合学生的体育基础和已有的知识经验，从而为学生所接受。

第三，讲解要生动形象，精简扼要。在体育运动的各项目中，运动技术具有鲜明的动作性，这就要求体育教师要善于借助学生在生活中已经接触过的事物或已经学过的运动技术，与所学运动技术产生联系，帮助学生更好地理解动作。此外，在运动技能教学中，还要抓住重点，简洁、明了地讲解所学内容。

第四，讲解要具有启发性。在学校体育教学优化过程中，体育教师的讲解要能启发学生积极思维，如注意采用对比、提问的方式，促其举一反三，触类旁通，使学生将看、听、想、练有机结合起来。

第五，注意讲解的时机与效果。它要求讲解应在学生面对教师并注意教师讲解时进行；在学生练习过程中，或在学生背对教师时一般不宜讲解。

（二）口令和指示法

口令和指示法是指体育教师以简短的语言、命令的方式指导学生学、练的方法，如调队时的口令，在练习中指示学生"收腹""转体"等。

具体来说，口令是指有一定的形式和顺序，有确定的内容，并以命令的方式指导学生活动的语言方式。在体育教学优化中，如队列队形练习、基本体操、队伍调动等都需要运用相应的口令。需要指出的是，体育教师在运用口令时，要求声音洪亮、准确、清晰、及时，同时还应注意根据人数、队形、内容、对象等特点控制声音的大小、节奏的快慢等。

指示是体育教师运用比较简明的语言，组织指导学生活动的语言方式。体育教师在运用指示时，要求准确、及时、简洁，尽量用正面词。在日常的体育教学优化中，指示的运用主要包括以下两个方面：一是运用于组织教学中，主要包括布置场地、收拾器材等方面；二是运用于学生练习时未能意识到的、关键的动作用简洁的语言提示出来。

（三）口头评价法

口头评价是指体育教师按照一定的标准，对学生的行为表现、练习完成的情况以口头方式进行评价的一种教学方法。在学校体育教学优化中，体育教师在运用口头评价时应注意以下要求：以正面鼓励评价为主，进行否定评价时要注意分寸与口气，要能指明努力方向，提供改进提高的方法。

（四）口头汇报法

口头汇报法是体育教师了解教学效果的一种方法，是指学生根据教学要求，向体育教师简明、扼要地表述学习心得和对教学内容和练习的见解以及疑难问题等的语言形式。这种方法不仅可以为体育教师提供进一步指导学生学习的依据，而且还能够促进学生积极思维，加深对教学内容的理解。此外，这种方法还有助于学生进行自我检查和督促，以及培养学生的语言表达能力。

（五）默念与自我暗示法

默念是指学生在进行体育练习前通过无声语言重现整个动作或动作某些部分的过程、重点、时空特征，以提高练习效果的语言方式。自我暗示是指学生在体育练习过程中默念某些指令性的词句，进行自我调控练习过程的语言方式。在学校体育教学优化中，将这两种语言方式有机地结合起来运用，会取得较好的教学效果。

二、发现式教学法

在学校体育教学优化中，发现式教学法指的是从青少年好奇、好问、好动的心理特点出发，以发展学生创造性思维为目标，以解决问题为中心，以结构化的教材为内容，使学生通过再发现的步骤进行学习的一种教学方法。通常来说，运用发现式教学法需要遵循以下三个步骤：

第一步，提出问题或创设问题的情境，并使学生在这种情境中产生矛盾和疑难，进而按照教师提出的要求，带着问题去进行探索。

第二步，学生通过反复练习，掌握动作技术的基本原理和方法。

第三步，组织学生提出假设，并通过实践进行验证，之后开展争辩和讨论，总结争论的问题以及动作技术的原理和方法，得出共同的结论。

需要指出的是，在学校体育教学优化中，体育教师运用发现式教学法还需要注意以下六个问题：

第一，要善于提出问题或者创设问题的情境，以激发学生的学习热情。

第二，要注意依据学生已有的知识经验和运动技能基础，提出适当的问题，以引导学生探求未知。

第三，要善于在学生无疑问处引发学生提问，并利用在体育活动优化中出现的矛盾启迪学生的思维。

第四，要注意在学生发现、解决问题的过程中，引导他们抓住问题的重点。

第五，要采取步步深入的方法，由具体到抽象，由个别到一般，由简到繁。

第六，要注意为学生继续探索留下悬念，并鼓励他们标新求异。

三、直观法

在学校体育教学优化中，直观法是指通过一定的直观方式，作用于人体感觉器官，引起感知的一种教学方法。由于人对事物的认识首先是通过感觉器官对事物的感知开始的，因此，学校体育教学优化中的直观法对学生掌握教学内容、达到教学要求和完成教学任务有重要的意义。一般来说，学校体育教学优化中常用的直观法有动作示范法、直观教具和模型演示法、多媒体技术法、条件诱导法、定向与领先法、助力与阻力法等。

（一）动作示范法

在学校体育教学优化中，动作示范法指的是体育教师或者是体育教师指定的学生以自身完成的具体动作为范例，使学生了解动作形象、要领和结构的一种方法。动作示范简便灵活、轻快优美、针对性高、真实感强，能够激发学生的学习兴趣，增强学生的学习信心。在学校体育教学优化中，运用动作示范时应注意以下四个方面：

第一，要明确动作示范的目的，并依据学生的特点、教学内容以及客观的条件，对动作示范的方向、位置、次数、速度以及示范和讲解结合的方式等进行选择。

第二，要注意动作示范的准确和美观。

第三，要注意对动作示范的方向和位置进行正确选择。

第四，要注意将示范和讲解有机结合起来。

（二）直观教具与模型演示法

这种方法是指在学校体育教学优化中对图表、照片、模型及其他教具等直观方式的运用，能使学生生动、具体地了解动作的形象、技术结构和细节以及动作技术的完成过程。例如，人体模型对动作的演示、球场模型对战术配合的演示等。一般来说，在实际的教学过程中，对动作过程快、需要在空中完成的动作和技术结构复杂的动作，都需要体育教师采用教具或模型的演示进行教学。需要指出的是，体育教师在运用直观教具与模型演示法时，要有明确的目的和适宜的演示方式，还要注意演讲的时机应该与讲解示范结合运用等。

（三）多媒体技术法

在体育教学优化中，多媒体技术法主要指的是运用电影、电视、录像等多媒体辅助教学实施。在运用这一方法时，教师要注意依据教学目标来选择合适的播放内容，并要注意将电影、电视、录像和讲解示范练习有机地结合起来进行。

（四）条件引导法

条件引导法是指以某种条件为诱因，同时与体会动作相联系，达到直观作用的方法。例如，在体育教学优化中，通过音乐伴奏或借助节拍器的音响，可形成一定的动作节奏感；领跑可建立相应的速度感；利于保护、牵引性的助力和对抗、限制性的阻力，能较快地建立完成动作的时间感和空间感。由于条件诱因与体会动作相联系，因此，运用得当就能获得较好的教学效果。

（五）定向与领先法

在学校体育教学优化中，定向指的是以标志物、标志点等相对静态的具体视觉标志，对学生的动作方向、轨迹、幅度、用力点等予以指示。领先指的是以相对动态的、超前的视觉为信号，对学生的动作方向、轨迹、幅度、用力点等予以指示。在运用这一方法时，教师要注意依据教学内容和对象的特点，对视觉标志进行合理设置。

（六）助力与阻力法

在学校体育教学优化中，助力和阻力指的是借助外力，帮助学生通过触觉和肌肉本体感觉，对用力时机、时空、方向、大小等特征进行正确的体验，从而使学生正确掌握动作的一种直观方法。

四、完整法与分解法

（一）完整法

完整法是体育教学优化方法中非常重要的一种方法，主要适用于一些较简单无分解的，且从头至尾具有强烈连贯性的动作。教师在运用这种方法进行教学时，要注意将动作完整、不间断地进行练习。完整法的优点主要包括：动作结构比较简单、协调性要求较低、方向线路变化较小，或动作虽然比较复杂，但动作各个部分联系非常密切；其缺点是：用于应该分解而又不宜分解的动作（体操运动中的翻转动作）时会给教学带来困难。因此，为了减少学生学习的困难和便于他们掌握动作，通常采取以下五种方法：

第一种方法：直接运用，是指体育教师在教授一些简单、易于掌握的动作及讲解示范后，让学生直接进行完整动作训练。

第二种方法：强调重点，是指体育教师在教授一些较为复杂的动作时，要求学生进行完整练习过程中，要注意动作学习的重点，也可采取将某环节单独学习的方法。这种方式可有效提高学校体育教学优化的效率和质量。

第三种方法：降低难度，是指在进行完整练习时，以减轻投掷器械的重量，降低跳高横竿的高度，缩短和降低跑的距离与速度等来降低难度。

第四种方法：故意降低对动作质量的要求，如体操动作的适当分腿屈膝，武术动作中降低速度，篮排球中的近距离投篮、发球等。需要指出的是，在降低要求时，要注意不要形成明显的错误动作。

第五种方法：改变练习的外部条件，如在练习前滚翻时由高处向低处完成动作，在外力的帮助下完成完整动作等。

（二）分解法

分解法主要用于难度较高且不分解的运动技术动作。教师在运用时，可将动作分成几个部分，由简到繁逐层进行教学。与完整法相同，分解法既有优点又有缺点，其优点是降低了动作技术的难度，利于学生的学习和掌握；其缺点是不利于学生对完整动作的领会，有可能会导致掌握的动作技术具有片面性。在学校体育教学优化中，运用分解法时应注意以下四个方面的问题：

第一，可根据动作技术的特点，按时间的先后、空间的部位，以及时间空间的结合采取合理的分解。

第二，在划分动作技术的段落与部分时，应充分考虑各部分与段落之间的有机联系，注意不要破坏动作的结构。

第三，明确各部分与段落在完整动作中的地位与作用，并为各部分与段落的组合做好准备。

第四，在建立完整动作概念的基础上分解，并及时向完整法过渡。

五、自主学习法

在学校体育教学优化中，自主学习法指的是为了实现体育教学优化目标，学生在体育教师的指导下，依据自身的需要和条件制定目标、选择内容等学习步骤，完成学习目标的一种体育学习模式。自主学习有独立性、能动性和创造性等特点，有利于激发学生学习体育的热情，培养学生的体育学习能力，确立学生的主体地位，提高体育教学优化的学习效果。

在学校体育教学优化中，运用自主学习法需要遵循以下四个步骤：

第一步，学生依据学习目标制定与自身能力相符合，并能充分发挥自身潜能的目标。

第二步，学生依据已有的经验和所学到的知识，自主选择学习活动和学习方法。

第三步，学生能依据体育学习目标对自己的学习状况进行自主评价。

第四步，学生自主分析学习情况，对照学习目标，进行自我调控，及时调整学习目标，改进学习的方法和策略。

六、预防与纠正错误法

预防与纠正错误法是指体育教师为了防止和纠正学生在练习中出现的动作错误时所采用的一种方法。在实际教学中，学生在掌握动作时，出现错误是正常现象，体育教师应正确对待，并有意识地加以预防和纠正。预防与纠正错误是有机联系的，对于一个动作错误的预防措施也可能是这一动作错误的纠正手段。预防具有超前性，即能预见学生可能出现的动作错误，准确找出可能的原因，主动地、积极地采取有效的手段与措施，"防患于未然"。纠正具有鲜明的针对性，既能及时准确地发现学生的动作错误，又能正确分析产生动作错误的原因，采取有效的手段，尽快纠正。

具体来说，常见的预防与纠正错误动作的方法主要有以下两种：

（一）强化概念法

在学校体育教学优化中，体育教师不断强化正确的动作概念，促进学生正确动作形成的方法，即为强化概念法。这种教学方法主要通过加强讲解、示范，结合学生已有知识对比进行讲解示范，使学生明确正确与错误动作的主要差异，从而主动避免和及时纠正错误的动作。[①]

（二）限制练习法

限制练习法是指在设置限制的条件下进行练习、纠正动作错误的方法，如练起跑时，在学生头顶上设置一排后低前高的斜竿，在这种限制的条件下使学生体会、掌握起跑时的正确动作，避免出现过早直起身来跑的错误。

七、合作学习法

在学校体育教学优化中，合作学习法指的是学生在小组或者团队中，为完成共同的任务，有明确的责任分工的互助性学习形式。在合作学习中，小组或团队中的每一个成员都承担着一定的责任，而他们之间又相互依赖。

运用合作学习法需要遵循以下六个步骤：

---

① 吴式颖.外国教育史教程 [M]. 北京：人民教育出版社，1999.

第一步，依据班级的规模、场地器材和学习内容，进行组间同质、组内异质的分组。

第二步，小组的全体成员在体育教师的指导下，根据本单元的学习主题共同确定学习目标。

第三步，师生共同研究确定学习的具体课题，并进行组内分工。

第四步，具体实施合作学习，小组成员在小组长的组织下，围绕学习的主题各司其职，共同完成学习任务。

第五步，进行小组间的交流、比较和评价，分享学习成果纠正不足，进而提高学习能力。

第六步，对学习的效果从合作是否愉快、合作效果、合作技巧、进步程度等方面进行评价，并做好记录。

八、信号提示法

在学校体育教学优化中，当学生在练习中由于时间或空间方向不清楚而出现动作错误时，教师通常可运用信号提示法，即可以用标志线、标志点、标志物来标明动作方向、幅度等；还可以用听觉信号，口头提示学生的发力时间、用力节奏等。教师要注意对采取的方法要根据学生错误的形式和性质进行选择。

九、外力帮助法

在学校体育教学优化中，当学生用力的部位、大小、方向、幅度不清楚而出现动作错误时，体育教师通常可运用外力帮助法，如运用顶、推、托、拉、挡、送、拨等外力，帮助学生建立正确动作的本体感觉。

十、游戏法与竞赛法

（一）游戏法

在学校体育教学优化中，游戏法是指体育教师通过组织学生做游戏，进而完成教学任务的一种教学方法。

游戏法是一种较为简单，且最容易为学生所接受的一种教学方法，其特点主要表现在以下四个方面：

第一，通常情况下，体育教师所组织的游戏性活动都是有象征意义的，运用游戏形象有趣，且高低起伏变化的特性去引导学生完成各种身体活动，从而达到预定的目的。

第二，这一方法对于行为方式并没有具体的规定，只要能够达到目的即可。因此，此方法对学生的活动没有限制，学生可以充分发挥他们的主观能动性，积极、主动地去创造，从而提高自我的控制能力。

第三，学生之间以及团队之间的合作与竞争关系，最能体现学生的思想道德品质。

第四，游戏活动不利于教师对学生动作等方面的控制及运动负荷的安排。

在运用游戏法时，体育教师要充分了解以下三个方面的注意事项：

第一，所选择的活动内容与形式要符合教学目标，并为其设置相应的规则与要求。

第二，不能忽略学生的主动性和创造性，但这要以学生遵守规则为前提。

第三，对于游戏结果的评价要客观公正，不偏不倚。

（二）竞赛法

竞赛法是指体育教师组织学生以比赛的形式进行训练的一种教学方法。一般来说，竞赛法具有以下四个方面的特点：

第一，对抗性强，竞争大。

第二，运动负荷量大。

第三，能最大限度发挥学生的技能。

第四，能够培养学生良好的道德品质。

竞赛法在学校体育教学优化中应用时，要特别注意以下三个方面的问题：

第一，竞赛法的运用不能脱离教学目标。

第二，学生分配要合理，各组间学生的实力要均衡。

第三，教师要在熟练掌握动作技术的前提下合理运用竞赛法，并对学生的动作的完成质量进行评价。

第三节　学校体育教学优化方法的选择与运用

学校应选择符合体育教学优化目标和任务的、符合教学内容特点的、符合学生学习可能性的、符合学校物质条件的方法来进行体育教学优化。

一、合理选用体育教学优化方法的意义

长期的体育教学优化以及新教育技术的进步，不仅使人们积累了很多传统的体育教学优化方法，而且也创新出了很多有效方法。面对丰富的现代体育教学优化方法，体育教师进行体育教学优化时必须根据体育教学优化的实际情况，科学选择和运用这些方法，从而不断提高体育教学优化的质量和效果。因此，在进行体育教学优化时，体育教师能否正确选择教学方法，就成为影响体育教学优化质量的关键问题之一。实践证明，体育教师要想实现体育教学优化效果的最优化，必须科学、合理地运用体育教学优化方法；反之，会给教学活动造成不利的影响。综上所述，不难发现，在体育教学优化的过程中，教学的成败在很大程度上受教学方法的影响。也就是说，体育教师能否合理、妥善地选择教学方法直接影响着体育知识各方面的发挥。

二、学校体育教学优化方法的选择与运用

（一）学校体育教学优化方法的选择

在学校体育教学优化的过程中，体育教师科学选择体育教学优化方法时，需要注意以下几个问题：

1. 根据体育教学优化的具体目标与任务进行选择

通常情况下，在学校体育教学优化过程中，不同的教学目标和任务对教学方法的要求也不同。一般来说，不同教学任务的方法选择主要分为以下情况：在进行知识传授时，体育教学优化方法要以语言讲解为主，完善技能就以实际训练为主，练习课多以练习法和比赛法进行；如果是单元的前段课，应选择发现法、游戏法等；如果是单元的后段课，就选用一些小群体教学法和比赛法。

总之，只有有的放矢，区别对待，才能取得理想的体育教学优化效果。

综上所述，选择体育教学优化方法的关键因素是具体的教学目标。通常而言，应包括以下方面：体育知识内容目标；体育技术技能方面的目标；培养学生良好的社会心理和社会适应等方面的目标。体育教师要能够掌握相应的教学目标分类知识和方法，同时注意将教学中总的抽象的目标进行分解，转化为具体的可操作性的目标，并依照不同的目标来选择和运用相应的体育教学优化方法。

2.根据教材内容的性质和特点进行选择

体育教学优化方法与体育教学优化内容联系密切。一般来说，不同性质的教学内容要求有不同的方法与之相配合，这就要求体育教师应很好地分析内容的结构、性质、特点、形式，以确定它们对方法的要求，具体表现在以下两个方面：

应根据不同的体育运动项目，选择适合项目自身特点的教学方法。例如，跑步、跳跃、投掷类的教学一般使用完整教学法；游泳、滑冰、体操等的教学要使用分解教学法；大多数球类项目的教学要选择领悟性的教学方法。

应根据不同的教材内容性质，选择相应的教学方法。例如，含有重要科学原理的运动项目通常选择发现式教学法；发展学生身体素质的运动项目常用循环练习法；趣味性较差的运动项目要选用游戏教学法；动作简单而又不易分解的教材内容，一般选用完整教学法；比较复杂的教学内容应选用分解教学法。

总之，体育教师应该把握各种教学方法的适用范围，能够根据不同的教材内容的特点，灵活而有创造性地选择适当的体育教学优化方法。

3.根据学生的实际情况进行选择

在学校体育教学优化中，学生是教学的主体。总的来看，体育教师的教是为了学生的学，选择体育教学优化方法的根本原则是要适应学生的基础条件和个性特征，运用体育教学优化方法的最根本目的是学生的体育学习。因此，在选择体育教学优化方法时，体育教师要充分考虑学生的实际情况（年龄、性别、身心发展的水平和特征等），从而做到因材施教，如对中学生而言，不宜使用情景教学法；对活泼好动的小学生，由于他们的注意力不易集中，一般不用领会教学法，而是选择直观法或游戏法来进行教学；对熟练的学生不宜使用正规的分解教学法；对身体素质不好的学生不宜使用循环练习法。即使是同一年级或同一班级的学生对某种教学方法的适应性也存在明显的差异性，不同年龄段的学生对相同教学方法的适应程度也不相同。

针对以上情况，体育教师在体育教学优化的过程中，必须从学生的具体实际出发，科学地分析、研究学生的特点，有针对性地选择和运用相应的体育教学优化方法，使学生在学习掌握体育知识、形成技能的同时，促进和提高学生身心的发展。

4. 根据体育教师自身的素质进行选择

一般来说，在体育教学优化活动中，体育教师的素质主要包括表达能力、思维品质、个性特长、教学技能、教学风格特征、组织协调能力、教学控制能力和师生关系等几个方面。不同的体育教师其特点和专长也是不同的，这就需要体育教师根据自己的素质特征来选用相应的教学方法。在进行体育教学优化时，教师可充分发挥自己的特长，利用自己的形象、个性和能力等方面的优势，来选择可以提高教学质量且深受学生喜爱的教学方法。同时，教师还要不断充实自己，提高自己的教学能力。

5. 根据体育教学优化方法各自独特的功能、适用范围以及使用条件等进行选择

每种体育教学优化方法都有特点、独特功能、适用范围和使用条件等，同时还有优点和局限性。在学校体育教学优化过程中，体育教学优化方法功能作用的发挥，受制于教学过程诸因素的优化组合。

在很多情况下，同一种教学方法对于某种体育项目或知识有效，但对另一种体育项目或知识则可能完全无用；同样，对同一种体育项目或知识来说，有的教学方法有用，有的教学方法则无用，甚至还可能起反作用。例如，在传授新知识时，教师选择运用谈话法的前提条件是学生已具备了前期的知识和心理准备，否则，运用谈话法进行新知识的传授就会遇到很多困难。而讲授法虽有利于发挥教师的主导作用，且可以使学生在短时间内获得大量的系统知识，但对于学生来说，这一方法很难发挥其的主动性、独立性和实践性；另外，对新生实行比赛教学法也是非常不科学的。对于新生来说，他们刚刚入校，对于体育技能的掌握还不全面，且身体素质与品德素质也不同，这时候，如果教师使用比赛法教学则无异于

拔苗助长。综上所述，体育教师在选择体育教学优化方法时，必须认真分析各种方法的功能、应用范围和条件。[①]

6. 根据体育教学优化时间和效率的要求进行选择

在学校体育教学优化的过程中，教学方法是辅助体育教师教学的，是有效提高教学质量的主要手段。体育教学优化的最优化，就是要求以最少的时间取得最佳的效果。例如，一般情况下，发现式教学法要比讲解法用的时间更多，分解法要比完整法费时间等。鉴于此，在选用具体的体育教学优化方法时，体育教师应认真分析其所用教学时间和教学效率。通常来说，判断教学方法的好坏，主要看体育老师是否能在规定的时间内完成教学任务、达到教学目标。不难看出，一种好的教学方法应是高效低耗的，至少能在规定的时间内完成教学任务，实现具体的教学目的，并能使体育教师教得轻松，学生学得愉快。需要指出的是，体育教师不要因为费时而忽略一些很重要的步骤，如要使学生明白一个重要的原理，用点时间让他们去探索和发现是很有意义的，也是高效率的。

总之，为了达到体育教学优化效果最优化的教学目标，体育教师应尽可能地选用既省时又有效的教学方法。

7. 根据体育教学优化的物质条件进行选择

在学校体育教学优化中，教学的物质条件也对教学方法的选择与运用具有重要影响。这里所说的教学的物质条件，主要是指学校教学器材、场地（馆）设施等。一般来说，较为全面、先进的教学条件对教学方法的发挥有很好的促进作用；相反，一些落后的、不全面的教学条件则会限制教学方法的发挥。例如，当用海绵块练习背越式跳高时，效果要比用沙坑练习好，这是因为前者可以减轻学生的恐惧感和怕脏的心理负担，提高其神经系统的兴奋性；再如，在体育馆内上课，可以减少周围环境对学生不必要的刺激，有助于加强体育教学优化的效果，特别是现代化教学手段的充分运用，可以弥补体育教师动作示范的一些不足，从而提高体育教学优化质量。因此，体育教师在选择教学方法时，在教学时间和条件允许的情况下，应最大限度地运用和发挥学校教学设备和教学空间条件的功能和作用，选择最佳的体育教学优化方法。

---

① 杨海庆. 西方近代体育思想史研究 [D]. 苏州：苏州大学，2015.

（二）学校体育教学优化方法的运用

学校体育教学优化方法的选择是为了更好地运用，并取得理想的教学效果。因此，在运用教学方法时，体育教师一定要注意将学校体育教学优化方法的主要功能发挥出来。具体而言，应做到以下三点：

1. 充分发挥整体性

如前所述，由于学校体育教学优化方法不同，其特点、功能和应用范围都有一定的差异性，也存在一定的局限性。这就要求体育教师在运用体育教学优化方法时，要注意将这些因素有机地结合在一起，综合运用教学方法，从而使所运用的教学方法发挥出最佳的整体效果。

2. 充分发挥灵活性

学校体育教学优化是一个持续的过程，是动态的，由于以学校体育教学优化目标、内容和学生实际情况为主要依据设计的体育教学优化方法并不一定适用于整个教学过程，因此，这就要求教师根据教学活动的实际情况和变化，及时、灵活地采取一定的应对措施。

3. 充分发挥启发性

学生是教学活动的主体，学校体育教学优化方法的运用是为了让学生更好地学习，因此，一定要根据学生的实际情况，使学生学习的积极性和主动性得到充分的调动，使学生的自觉性得到有效的激发，尊重学生的主体地位，培养学生的思维能力和创造精神。除此之外，教师还要充分调动起学生学习的兴趣和动机，通过学校体育教学优化方法的科学合理设计、运用，进一步培养学生的体育能力，创设情境，引导学生积极思维。

第四节　学校体育教学优化方法的最优化组合

教学方法优化与组合的指导思想是指教师在规定的教学时间，根据教学内容、教学环境、设施条件和学生特点进行科学分析，确定教学切入点，从多种教学方法中筛选组合出最优化的方法。

一、学校体育教学优化方法优化组合的原则

在优化组合学校体育教学优化方法时，一定要遵循以下三点原则：

（一）最优性原则

在学校体育教学优化活动中，经常会碰到这样的问题：在重新组合优选教学方法时，不仅会出现多套教学方法，而且它们各具特色。那么，教师应该最终选哪一套呢？这时候，就要求教师通过对实际情况的分析，权衡利弊，多中选优，从而选择一套最适合学校体育教学优化方法。

（二）综合性原则

教师应遵循综合性原则，要求在看待体育教学优化方法在教学中的作用与联系时要全面、整体、辩证统一。具体来说，主要表现在两个方面：一方面，要重视教法与学法的统一，否则不会取得良好的教学效果，因为两者是紧密联系、相互促进的；另一方面，要将教学方法的教学、教育、熏陶、感染、发展等功能充分地发挥出来。

（三）创造性原则

教师遵循创造性原则，其主要目的是通过对已有的教学方法进行改造、组合、创新，将教学方法的最大功能充分地发挥出来，取得理想的教学效果。教师要充分利用自己的智慧和技巧，对已选择的教学方法进行再次创造，从而使原先的教学方法重新组合，达到发挥出教学方法最大功能的目的。

二、学校体育教学优化方法优化组合的程序

在对学校体育教学优化方法进行优化组合时，教师需要按照一定的程序进行。具体程序如下：

（一）进一步明确学校体育教学优化的任务

通过对本节课中的具体教学任务进行分析，将所有细化出的教学任务整理排列出来，并综合这些教学任务将本节课的详细任务制定出来，这些具体任务主要涉及思想德育教育、知识技能学习、运动技能学习以及学生创新能力、个性发展

培养等方面。由此可以看出，综合性的教学任务具有指导性的作用。

（二）根据实际情况提出总体设想

以具体的教学任务、教材内容的难易程度、学生的具体情况和体育教学优化的外部综合条件等为主要依据，在提出教学方法的同时对此进行详细分析。在提出总体设想之前，要将教学方法对学生的适用性、在各个教学阶段完成不同教学任务的效果作为主要依据，并且要求所提出的设想要对学生的创新精神和个性发展有积极的促进作用。[①]

（三）优化组合多种体育教学优化方法

对多种体育教学优化方法进行优化组合，要求做到以下三点：

第一，制作一张包括各种可用的体育教学优化方法和教学细节以及最佳教学方法的工作表。

第二，多方比较、仔细推敲这些教学方法，去粗取精，并根据实际需要对它们作出适当的调整、配合、选定。

第三，将优化组合后的教学方法应用于体育教学优化活动中。

（四）实施教学方法，并对其进行评价

当将优化组合后优选出来的教学方法应用于学校体育教学优化活动中时，教师一定要对教学方法的实施情况与学生的适应状况进行全面的跟踪了解。教师通过将了解到的情况综合起来得出结论，以此为依据来对教学活动进行评价，找出相应的原因，总结经验教训，并对教学活动进行适当的调整，从而使体育教学优化方法优化组合的理论和实践成果得到进一步的提高。

---

① 毛振明. 学校体育发展史 [M]. 广西：广西师范大学出版社，2005.

第六章　学校体育教学优化的设计

第一节　体育教学优化设计的概述

一、体育教学优化设计的概念

体育教学优化设计实质上是指体育教学优化和设计两个概念的组合概念。一般认为，体育教学优化设计是指以体育专业理论（运动人体科学的基础理论、体育心理学、体育教学优化论等）以及学习理论、传播理论、教学媒体理论等相关的理论与技术为基础，运用系统方法分析体育教学优化问题、确定体育教学优化目标、设计解决体育教学优化问题的策略、试行方案、评价结果和修改方案的系统化计划过程。这一概念说明，体育教学优化设计不是力求教师发现客观存在的尚不为人所熟知的体育教学优化规律，而是运用已知的体育教学优化规律去创造性地解决体育教学优化中的问题。具体来说，可以从以下四个方面对体育教学优化设计的概念进行解读：

第一，体育教学优化设计是建立在体育学科的基础知识上的，具有创造性和决策性的研究活动，必须以实践经验为依据。

第二，体育教学优化设计的结果是经过验证、能实现预期功能的教学系统。在体育教学优化过程中，这一系统可以直接被运用，并达成一定的教学目标。同时，它也可以是对《体育教学优化大纲》或《体育与健康教育课程标准》、一个单元、一节课教学计划的详细说明。

第三，体育教学优化设计是一个系统规划的过程。作为一个包括教师、学生、教学内容、教学条件以及教学目标、方法等要素组成的系统，这些因素各有作用且目标统一，在教学过程中有着密切的联系。体育教学优化设计就是应用系统的方法研究、探索体育教学优化系统中各要素的本质联系，并通过具体的操作程序来协调、配置，使各要素有机结合，完成体育教学优化系统的功能。

第四，体育教学优化设计说到底是为获得优质的教学效果服务的，它将体育教学优化的基本理论与生理学、心理学和社会学原理相结合，并以系统的思想和方法为指导，在教师进行体育教学优化活动之前，对"教什么"和"如何教"所制定的一种"低耗高效"的操作方案。换句话说，体育教学优化设计的目的是解决一系列复杂教学问题、寻找最优解决方案。综上所述，通过对体育教学优化设计概念的进一步阐述，不难发现，体育教学优化设计在指导思想、基本思路、基本程序上与其他课程教学设计是一脉相承的。需要指出的是，在设计具体操作方案时，教师要根据体育教学优化自身的特点，充分考虑学生身体和心理发展的基础和相互关系，结合体育教学优化的环境和条件，分析现状，对未来体育教学优化过程中可能出现的问题进行预测，对未来师生活动进行规划、准备，从而制定相应的方案。

二、体育教学优化设计的特点

体育教学优化是一种有目的的活动，为了达到预期目标和获得理想效果，必须在教学活动前对其进行设计。一般来说，体育教学优化设计具有以下六个方面的特点：

（一）系统性

因为体育教学优化设计过程是一个系统的过程，所以在进行体育教学优化设计时，首先应在分析论证所存在的体育教学优化问题的基础上设定目标，然后密切围绕既定目标设计体育教学优化的各个环节，从而保证"目标、策略、评价"三者的一致性。一般来说，体育教学优化设计应从体育教学优化系统的整体功能出发，在工作程序上，需要综合考虑体育教师、学生、教材等各方面因素在体育教学优化中的地位与作用，使之相辅相成，互相促进，形成整体效应，而不是死板地按照步骤一步步地完成。只有这样才能保证体育教学优化设计在整体上具有系统性，达到体育教学优化效果的最优化。

（二）超前性

体育教学优化设计作为一门科学，其根本目的在于探求体育教学优化的真谛，因此表现出超前性的特点。体育教学优化设计是在人体解剖学、人体生理学、体育保健学、运动生物学、体育心理学、体育教学优化论等体育专业理论以及教育传播理论、教学媒体理论和教学评价理论的指导下，根据学和教的基本规律，尊重学生的兴趣爱好和个性特征建立起来的、趋于合理的体育教学优化目标、内容、方法的策略体系，并科学地运用系统方法对各个体育教学优化要素及联系进行分析和策划。

（三）差距性

体育教学优化过程是一个复杂、多变的动态过程。体育教学优化设计方案在实施的过程中会遇到许多难以预测的情况。这是因为体育教学优化设计者对体育教学优化中可能出现的问题的理解、对现有条件的分析、所采取的解决问题的方法等都具有一定的差异性，所以，体育教学优化设计方案总会与体育教学优化实践活动之间有一定的差距，这就需要实施者在体育教学优化设计方案的实施过程中对方案进行合理、必要的调整。

（四）灵活性

体育教学优化设计的过程是要按照既定的流程进行的，具有一定的模式，但有些时候也不能拘泥于这个模式，有些工作步骤是不可能或没必要完全完成的，这就需要体育教学优化设计在实际的工作当中体现其灵活性，根据不同的情况和要求，灵活掌握工作步骤的取舍和重点环节问题，因地制宜地进行体育教学优化设计。

（五）创造性

体育教学优化设计的过程是一个创造性地解决体育教学优化问题的过程。现代体育教学优化设计理论应能充分反映体育教学优化目标、方法和条件之间的多种关系，并揭示影响这些关系变化的要素，构筑理论框架。作为一项极富创造性的工作，体育教学优化的设计者在独特情境的背景中阐明需要、确定策略，对教学设计的因素进行归纳或简化。一般来说，一个有经验的设计者能迅速"悟到"

自己的思路是正确还是不正确，这便是工作中的直觉。思想的丰富性、解决方案中的新颖性和独特性，都来自设计者的创造性。[①]

（六）艺术性

体育教学优化的设计过程是一个极具创造力的过程，是一个将教材与不同学生的特点和教学环境充分结合，再加上个人的能力和智慧所创造出来的，极具艺术价值的教学方案。因此，我们可以说，体育教学优化设计是一门艺术。艺术具有丰富的审美价值，一份好的体育教学优化设计方案，既新颖独特、别具匠心，又层次清晰、富有成效，给人以美的享受。

总之，体育教学优化设计完美结合了以上所述的六个特性，这些特性的高度统一将体育教学优化设计升华为一个极具艺术特色，又不脱离科学性、合理性的高水平教学方案。

三、体育教学优化设计的意义

（一）体育教学优化设计的理论意义

体育教学优化设计有深远的理论意义，具体表现在以下三个方面：

第一，体育教学优化设计使体育教师明确了体育教学优化是一个由诸多要素构成的系统，为获得优质的教学效果，要求体育教师必须用系统的思想和方法，综合分析和研究体育教学优化的各个组成因素以及它们之间的关系。

第二，体育教学优化设计具有桥梁性的作用，具体表现在以下两个方面：

一是它把我们系统的思想方法、教育教学的理论基础知识以及影响体育教学优化的生理、心理和社会学原理融合在一起，用教学设计的基本思想和技术方法设计出体育教学的优化方案。

二是体育教学优化设计的方案反过来直接指导着体育教学优化实践，为教学目标的实现、教学任务的完成和教学过程的顺利实施提供前提和保障。

第三，体育教学优化设计能够为具体的教学方案提供理论性、科学性指导，这有助于体育教师进一步了解体育与健康课程的思想和理念，为体育教师贯彻和

---

① 刘昕 . 现代国外教学思想与我国体育教学 [M]. 北京：教育科学出版社，2011.

实施新课程标准提供支持。而体育教师对体育教学优化设计过程认识的提高，也有利于提高教学质量，为真正实现"低耗高效"的教学提供有力支持；有利于促进教师不断地从理论层面上学习先进的教育思想和理论，提高专业素养和创新能力。

（二）体育教学优化设计的实践意义

体育教学优化设计在学校体育教学优化实践中具有重要的意义，具体表现在以下三个方面：

第一，为体育教师提供了进行体育教学优化设计的方法。体育教师对体育教学优化设计过程的认识，可促进他们结合教学实际，对现有的教学行为进行改进和创新，从而取得较好的教学效果，并最终在体育教学优化实践中全面贯彻和实施体育与健康课程标准，不断地促进体育教学优化的改革。

第二，体育教学优化设计促使体育教师的教学从经验型、随意型向科学型转变。它集合了教师的教育教学理论知识和专业素养，真正体现了体育与健康课程对教师的要求，有助于把教师培养成为教学的设计者。

第三，体育教学优化设计有助于体育教师发现教学中存在的问题，并积极思考和探索解决问题的办法和思路，使设计的教学方案更具有实效性、针对性。同时，体育教学优化设计还有利于体现学生的主体地位，满足根据学生的个体差异进行教学的需要。

第二节　学校体育教学优化设计的依据

一、系统论理论基础

系统论理论能够为体育教学优化设计提供科学的分析方法和整体思想。根据系统论的思想和观点，不仅可把体育教学优化视为一个过程，而且还可以把体育教学优化设计视为一个系统。系统论理论主要是为体育教学优化设计提供系统分析方法。下列几种基本思想和观点对研究体育教学优化设计系统及其要素有着非常重要的作用。

（一）系统的含义

系统论认为，世界上的一切事物都是作为各种各样的系统而存在的，这些事物、现象和过程都是一个有机整体，它们自成系统，又互为系统。因此，系统论的创始人贝塔朗菲把系统定义为："系统即相互作用的元素的综合体。"就其本质来说，系统就是元素及其关系的总和，要构成系统至少应具备元素、结构和环境三个条件。

第一，元素。元素是构成系统的必备条件，因分析的需要，把主要的元素称其为要素。

第二，结构。系统必须有一定的结构，即元素之间的相互联系，元素之间没有联系，不能构成系统。

第三，环境。系统是一定环境中的系统。它在一定的环境作用下，又作用于一定的环境，没有环境也就没有系统。

（二）体育教学优化系统的构成元素

体育教学优化系统是教育领域这个大系统中的一个分支系统，是由体育教师、学生、体育教学优化内容、体育教学优化方法、体育教学优化媒体等要素构成的，而这些要素都可分别被视为体育教学优化系统的子系统。

1. 体育教师

体育教师是体育教学优化活动的主要教授者和指导者。如果缺乏这一要素，学校就不能形成完整的教学活动。体育教师必须具备丰富的体育知识、熟练运用教学媒体和教学方法的能力。对教师集体来说，既有带头人、骨干和助手等要素，又有青年、中年和老年等要素。

2. 学生

学生是体育教学优化的对象。如果缺乏这一要素，学校体育教学优化就会变成没有任何意义的活动。就学生个体来说，既包含体能结构、智力结构、体育知识和锻炼方法结构、运动技能结构、社会适应能力等要素，也包含学生个体的主观努力程度方面的要素。一般而言，在体育与健康课程标准的六个水平目标级的教学体系中，学生群体既有普遍性的要素，又有特殊性的要素。

3. 体育教学优化内容

体育教学优化内容主要表现为教材，它是一定体系内的体育与健康科学知识、体育活动方法和运动技能体系。体育教学优化内容就是明确体育教师的教学目的和学生的学习方向，没有这些就构不成体育教学优化活动。

体育教材不但包含教授体育与健康知识、技能的要素，还包含发展学生智力、培养体育情感、提高学生社会适应能力的要素。就其与学生的关系来说，既包含学生已经获得的运动技能，又包含学生有待发展的运动技能。

4. 体育教学优化方法

体育教学优化方法是指教师、学生为达到体育教学优化的目的而采取的各种方法、途径、手段、程序。从宏观上讲，常用的体育教学优化方法主要包括以下三个方面：

第一，以直观形式获得直接经验的教学方法，如动作示范、教具和模型演示、多媒体演示定向和领先、阻力、助推力等方法。

第二，以语言形式获得间接经验的教学方法，如讲解法、指示口令法等。

第三，以实际练习形式形成技能、技巧的教学方法，如持续法、间歇法、重复法、游戏法、循环法、比赛法等。

虽然体育教学优化方法体系中的每一类方法对提高体育教学优化质量都具有特定的功效和重要的价值，但并不是任何体育教学优化方法都是万能的，它需要教授者切实把握各种常用体育教学优化方法的功能、特点、适用范围以及应注意的问题等，并使其在体育教学优化实践中有效地发挥作用。

5. 体育教学优化媒介

教学媒介是指在体育教学优化中师生交换信息时承载和传递信息的工具。体育教学优化活动是师生间信息加工和交换的过程，没有教学媒介就没有信息交换，也就无法形成体育教学优化活动。

通常来说，体育教学优化媒体不仅包含文字、语言、动作示范等视觉要素，还包括记录、储存、再现这些符号的实体要素，如图片、模型、电视、录像、电影、电脑模拟等，它们独立成为系统。

综上所述，体育教学优化活动是在体育教学优化目标的支配下，由以上五个要素组成的一个具有整体功能的有机统一体。由于构成要素的素质和它们的结构各异，所以构成的整体功能也有所差别。

（三）学校体育教学优化系统的特性

学校体育教学优化系统是以人的集合为主，包括了信息和媒体的复杂系统。它既有复杂系统的共同特性，还有学校体育教学优化活动的特性。具体来说，学校体育教学优化系统的特性主要包括以下八方面：

第一，整体性。学校体育教学优化系统不是各要素的简单集合，具有的整体的功能是其各个组成部分所没有的。

第二，目的性。由密切相关的各要素构成的学校体育教学优化系统是围绕着体育与健康课程目标运行的，即学校体育教学优化系统是为了向学生传播系统的体育与健康科学文化知识而建立的。

第三，相关性。组成学校体育教学优化系统的各要素不是孤立存在的，而是为了达到体育系统的基本功能而相互密切地联系在一起的。这五个要素有机地联系在一起，使学校体育教学优化系统保持了本身的质的规定性。

第四，控制性。学校体育教学优化系统既定目标的实现是需要通过协调和控制来实现的，因为一个系统要获得所需要的功能，维持正常运行，必须对各要素进行控制，而控制的基本条件是反馈。

第五，开放性。学校体育教学优化系统还是一个开放的系统，需要通过不断与环境交换能量和信息来实现自我维持。

第六，复杂性。学校体育教学优化系统的构成要素众多，各要素在不同程度上具有不确定性，相互之间的关系纵横交错。加之学校体育教学优化在体育场中进行，学校体育教学优化系统的运行环境复杂，致使学校体育教学优化系统的结构和运行过程都显得十分复杂。

第七，动态性。学校体育教学优化系统既要通过制订一系列的计划、条例、原则来维持学校体育教学优化系统的相对稳定性，又要在环境变化的要求、推动下产生创新的动机，创造出新的学校体育教学优化思想、优化方法、优化设计模式优化媒体，才能使学校体育教学优化系统的构成要素表现出一种动态平衡。

第八，成长性。在学校体育教学优化系统中，体育师资水平的不断提高，学生学习和发展的不断进步，学校体育教学优化内容的不断更新，学校体育教学优化媒体的不断多样化，说明了学校体育教学优化系统具有高度的成长性。

总之，学校体育教学优化设计是一个复杂的系统，它受诸多教学要素的影响和制约。系统理论为学校体育教学优化设计提供了科学的分析方法和整体思想。我们只有从系统理论所提供的思想和方法出发，才能设计出高质量的学校体育教学优化方案。

二、教学理论基础

教学理论是研究教学本质和一般规律的科学。教学的本质和一般规律是指教学过程的基本性质以及教学过程与教学结果之间的因果关系，即各种教学活动和学习过程、学习结果之间的内在联系。教学的社会职能是传授人类历史发展中积累的社会经验，通常会受到社会背景规定的目的和任务的制约。教学理论是指通过规律性的认识来确定优化学习的各种教学条件与方法，其核心问题是传授什么，如何传授，以及最后在学生身上形成什么样的品质。

（一）教学理论的研究范围

古今中外教学理论的研究和发展对学校体育教学优化设计提供了丰富的科学依据。学校体育教学优化设计的各要素都是从这些教学理论中汲取的，通过去粗取精、综合运用，以保证设计过程的成功。一般来说，教学理论的研究范围主要包括以下五个方面：

第一，研究教学的本质，对教学过程的因素、结构及其客观规律进行深入探索。

第二，研究教学的价值、目的和教学活动的具体目标，确立正确的价值观，探讨教学目的、目的制定的依据及其与教学活动的联系或关系。

第三，研究教学的模式和组织形式，研究教学的方法和手段，目的是为教学实践活动建立规范，提出要求。

第四，研究教学评价，探讨教学评价的标准、要求和手段，从而调整教学活动环节，为保证和提高教学质量提供可靠的反馈信息。

第五，研究教学内容，探讨社会、教师、学生与教学内容之间的关系，揭示教学内容的制定、变化和更新的机制，研究课程、教材的正确选择与合理编排的原则和要求。

（二）教学理论对体育教学优化设计的影响

教学理论对体育教学优化设计具有重要影响，主要表现在以下三个方面：

1. 学习需要对教学设计的影响

通常情况下，学习需要既包括对学习内容的分析，又包括对学习者的分析，只有结合这两方面的分析过程，才能形成科学、有效的教学设计方案。因为教学设计是为了学生的学习进行的，所以对学生的综合分析是非常必要的。一般来说，学生的分析主要包括学生当前的状态和学生的特征两方面内容。一些研究者认为，在体育教学优化中，学习需要的主要内容为：学生的起点行为是确定教学起点的基本依据之一，学生特征的分析是决定教学起点的又一基本依据。教学设计者需要关注的学生特征包括：年龄、性别、认知成熟程度、学习动机、个人对学习的期望、焦虑程度、学习风格、经验背景、社会文化背景、以学习为目标的人际交流等。另外，在体育教学优化中，教师还要考虑学生的生理因素和心理因素的多个方面。

2. 教学时间对教学效果的影响

有研究者认为，如果学生的学习能力倾向呈正态分布，而教学的种类和质量、学生用于学习的时间量都适合每一个学生的特征和需要的话，那么，大多数学生都能掌握教师所要教给他们的东西。教学时间对教学效果影响的实质是体现个体差异，而要真正做到使大多数学生掌握所学习的内容，达到教学目标要求，认真分析学习需要是首要条件。

教学时间对教学效果的影响给当今我国体育教学优化实际条件的启示是：在进行体育课堂教学设计时，相关人员必须充分地考虑各种因素，如场地、器材等，最大限度地满足教学的需要。例如，何敬东认为："目前体育课的教学大都存在学生多、场地器材不足的现象，因而，在每个时段的教学过程中，必须认真分析教材特点，精心设计布置场地器材，科学、合理地安排学生的分组，尽量避免在调动队伍、队形时，造成没必要的时间浪费，提高单位时间的效率。"

3. 体育教学优化的特点和规律对教学设计的影响

体育教学优化设计除应参考其他理论外，还要依照体育教学优化论进行。体育教学优化作为分科教学论，以室外的身体活动、练习为主，特点鲜明。体育教学优化设计者必须对这些特点和规律熟知于心。在体育教学优化要素中，教学的物质环境和心理环境十分重要。此外，体育教学优化设计者还应掌握动作技能形成规律、人体生理机能活动变化规律等体育教学优化特有的一些规律。

三、生理学理论基础

（一）青少年生长发育的规律

人体是在一个连续、逐渐统一的过程中生长发育的。在这一过程中，由于各种因素的影响，如社会环境、体育活动、遗传、营养等因素，个体发育会表现出较大的差异，同时也遵循着共同的基本规律。青少年生长发育的规律主要包括身体形态、生理机能和身体素质等方面，它们相互依存、相互影响、相互制约。

青少年的身体形态会随着年龄的增长而变化，在各个年龄阶段生长发育的速度并非匀速直线上升，而是具有一定的阶段性。青少年的身体机能发展和完善表现在骨骼肌肉系统、神经系统、呼吸系统和心血管系统的功能变化上，各个系统的特点和功能都会随着青少年发育的不同阶段呈现出较大的差异。此外，青少年的身体素质会随着身体的增长而发生明显的变化，出现年龄特征和性别差异等。青少年在生长发育阶段会出现不同的时期，如连续增长速度较快的时期、身体素质发展的敏感时期等。体育教学优化就是要抓住这些时期的特点，以帮助学生更好地提升自己的身心素质。

在学校体育教学优化中，教学的核心是促进学生体能的发展，在增进其健康的同时，培养其身心各方面素质的全面协调发展，通常情况下均以学生的身体锻炼为主要的教学手段。体育教学优化设计就是为了更有效地促进学生的生长发育，以及身体机能和运动技能的提高而进行的教学活动。这就要求设计者在设计具体的体育教学优化方案时，必须充分认识到教学对象生长发育的规律、有机体机能的特征和不同年龄阶段学生的身体素质特点。

具体来说，青少年的生理特点对体育教学优化设计的影响主要表现在以下三个方面：

第一，在对学习者的学习需要和具体特征进行分析时，应尊重学习者的生理发展特点，这将有利于设计者确定体育教学优化中存在的问题和教学的起点。

第二，在分析、确定和创编具体的体育教材内容时，应充分考虑青少年儿童的生理发展特点，使选择的体育教材内容充分发挥青少年在体育教学优化中的载体作用，从而为体育教学优化目标和任务的完成提供条件。

第三，在制定体育教学优化目标、选择体育教学优化策略和安排体育教学优化的过程中都要遵循学生的生理发展特点，设计出适宜的体育教学优化目标、有效的体育教学优化策略和丰富多彩的体育教学优化过程。

总之，在进行体育教学优化设计时，要想设计出真正体现新体育课程理念、高效完成新体育课程目标和任务的体育教学优化方案，就必须严格遵循学生的生长发育规律，重视各种规律对体育教学优化的制约和影响。

（二）青少年身体机能适应规律

适应是使有机体内外环境不断取得平衡的过程。在自然环境中，人的机体一般处于相对平衡的状态，这也是人类机体正常的体现，是人们生存和活动的必要条件。当自然环境发生变化时，人体内的平衡状态就会被打破，出于生存的欲望，机体内的功能会重新进行调整组合，形成一个能够适于外界发展的平衡状态，这就是生物的适应过程。在学校体育教学优化中，学生身体机能适应规律是指学生在进行体育活动的过程中，身体机能会发生一系列的物理性变化，这种变化会随着时间的迁移及学生参加体育教学优化活动的次数和程度而不断积累，从而使身体机能能够逐步适应这些变化，并提高学生身体各器官的调节、适应能力。

（三）动作技能形成的规律

通常情况下，运动技能的形成过程是一个渐进的、连续的过程，可分为泛化过程、分化过程、巩固过程和自动化过程四个阶段。

在体育教学优化设计中，运动技能的形成规律主要对体育教学优化目标的制定、体育教学优化策略的选择以及体育教学优化过程的组织和实施等具有重要影响。这就要求我们必须严格遵循运动技能的形成规律，从而制定出准确而适宜的教程、技能学习目标，设计出实用性好、针对性强的体育教学优化手段和方法，以便较好地实施和控制体育教学优化过程。

第三节　学校体育教学优化设计的模式

一、教学设计模式的概念

教学设计模式是指在长期的教学设计实践活动过程中，所形成的教学设计的系统化、稳定化的操作样式，是运用系统方法进行教学开发、设计的理论性的简化形式。它通过一些比较简约的手段去概括教学设计实践活动的经验，并解释和说明教学设计的理念和有关理论。教学设计模式不仅将教学设计理论进行了具体化，而且升华了教学设计实践活动，同时又具有理论和实践的特征，是教学设计理论与实践的紧密结合。因此，教学设计模式在教学设计领域中具有十分重要的意义。

二、学校体育教学优化设计模式的要素

通过对教学设计模式的分析可以得出，体育教学优化设计模式主要由四个基本要素组成，即体育教学优化对象、体育教学优化目标、体育教学优化策略和体育教学优化评价。

（一）体育教学优化对象

以谁为中心进行学校体育教学优化系统的设计，这是学校体育教学优化设计的根本问题，也是在学校体育教学优化设计之前必须认真考虑和回答的问题。在现代体育教学优化设计中，明确教学对象要"以学生为中心"，要根据学生的个性、身体情况等对学生最初的状态进行评定，看是否有提高发展的空间，进而设计出科学、合理、实用的教学方式。因此，明确体育教学优化对象，确立学生作为体育教学优化设计的重要主体，以学生为中心展开体育教学优化设计研究与实践，是确保体育教学优化设计科学、合理、实用、可持续发展的首要条件。

（二）体育教学优化目标

确定学校体育教学优化目标，是学校体育教学优化系统设计的一项基本要求。体育教学优化目标是针对学生而言的，是指通过体育教学优化达到体育教师预期的教学效果和标准。在体育教学优化设计中，那些通过精心设计的体育教学优化活动，要求学生学习和掌握体育知识和技能，以及发展智力、培养运动能力、提高技术水平的程度等问题都应经过具体的观察、测定来表述。换句话说，在分析学习需要、体育学习内容和学生的基础上，确定体育教学优化目标，编写行为目标。确定体育教学优化目标是体育教学优化系统设计的基本要求之一。它是体育教学优化设计的方向和中心，当体育教学优化目标确定后，便标志着体育教学优化设计程序可以围绕着这个目标正式启动。

（三）体育教学优化策略

要想实现教学目标，就必须选择好的教学策略。在整个学校体育教学优化设计过程中，学校体育教学优化策略的设计具体而详细，发挥着十分重要的作用。学校体育教学优化策略的设计包括许多方面，如采用何种经济有效的体育教与学的形式，选择什么样的学校体育教学优化资源，安排什么样的课型，设计何种体育教与学的方法，设计怎样的体育教学优化环节和步骤，安排什么样的体育教与学的活动等一系列问题都在这部分展开。此外，还有一些更具体的问题需要加以分析和考虑。

（四）体育教学优化评价

体育教学优化评价作为体育教学优化设计的最后一个环节，对教学设计有着非常重要的作用，是对教学效果与规格是否符合体育教学优化目标的要求，是否符合学生的实际，能否保证取得最好的体育教学优化效果，是高耗低效还是低耗高效等问题进行的检验与评价，并根据评价结果进行修正。体育教学优化评价也是根据实际需要和可能，对体育教学优化设计的成果实施前、实施中和实施后的一种评价。除此之外，它还应对教学过程中采用的体育教学优化形式、体育教学优化方法、安排的体育教学优化活动和步骤是否具体与可行等一系列问题作出检验、评定和修正。因此，体育教学优化评价是确保体育教学优化设计质量的有效手段，也是提高体育教学优化方案工作效率的重要举措。

三、学校体育教学优化设计模式的类型

通过一些学者系统性地分析与总结，对体育教学优化设计模式的类型进行了分类。由于理论基础的不同以及构建者所具有的经验差异，每一类模式所体现出来的特点也不同，具体来说主要有以下三种类型：

（一）系统理论基础类型

构建在系统理论基础上的体育教学优化设计模式的特点是指从系统理论的基本思想和观点出发，把体育教学优化设计看作一个系统，规定该系统的总目标，学校体育教学优化设计的各个环节和步骤都为其总目标服务并受其限制。系统理论基础类型的体育教学优化设计模式主要有两种，即布里格斯教学设计模式、巴纳赛教学设计模式。

1.布里格斯教学设计模式

这个模式是布里格斯建构的一个概括性的教学设计模式，此模式主要是以系统论的基本思想和观点为基础，描述了进行课件和项目发展的一种有组织的规划，着重考虑学生的能力水平，适用于教学项目和教学课件的设计。

这一教学设计模式是把幼儿园至中学毕业的整个时期视为一个教学设计系统，进而对学校的教学设计系统的有关限制进行调整，了解学生的能力水平，随之进行一系列评价，制定并采取相应的补救措施。布里格斯教学设计模式以系统理论为基础，把学生的能力水平作为参考对象的教学设计模式。

2.巴纳赛教学设计模式

这一教学设计模式是美国著名系统教学设计专家巴纳赛根据系统理论和社会发展的基本思想构建的教学设计系统模式。这个模式的设计观点是：进行体育教学优化设计是为了探索人们所期望的一种教学状态的过程。此教学设计模式由教学设计的形成阶段和创造阶段组成，每个阶段分为两个环节。形成阶段包括中心定义环节和教学设计特征环节，创造阶段包括作用模式环节和可行系统环节。另外，这种设计模式分为知识空间、创设空间、形成设计和解决问题空间、探索空间四个不同的空间领域。这四个领域在空间上相互关联，形成一个教学设计系统。其主要任务有以下四个方面：

第一，知识空间领域的主要任务是对社会的特征及其意义、中心价值（观念）和图景、如何进行设计和描述社会系统等知识系统进行探索。

第二，创设空间主要任务是探索社会的特点及其意义，创设未来系统的图景，准备设计，侧重于背景的创设，是教学设计的预备阶段。

第三，形成设计和解决问题空间的主要任务是形成设计的中心定义和系统的特点，以及设计系统的作用和设计可行的系统。

第四，探索空间的主要任务是评价和选择。

综上所述，这些以系统理论为基础的教学设计模式的主要特点是强调教学设计的整个过程，善于从全过程上把握教学设计。教学过程是一个非常复杂的系统，教学设计、教学设计模式都是由很多因素构成的，要充分考虑很多方面的问题。所以，教学设计应该系统地考虑教学设计过程中各方面的关系和各要素的功能，不可过于简单化，这样才有可能把握教学设计的全过程符合系统理论的思想和观点。

（二）传播理论基础类型

传播理论基础类型的显著特点是极其注重信号传播对学习的影响。一般情况下，大多教学设计的模式都是在系统理论、学习和教学理论的基础上建构出来的，但也有少量是以传播理论为基础构建出来的教学模式。下面重点介绍其中两个主要的模式。

1. 莱特和皮亚特的文本组织模式

这一模式是考虑了教材页面上内容的组织对学生学习的影响而构建的。这个模式分别使用了将信息的中心观念提取出来的技术和组织信息的技术。通过对这两种技术的学习，学生可提高对信息关键之处的判断速度。对页面内容的设计主要有现状、轮廓、表现、印刷样式、索引词和风格六个因素，这六个因素既对页面产生交互影响，又对学习过程产生统一影响。教师如果考虑到这六个因素对学习内容的有意义的划分，就能够在教学过程中充分吸引学生的注意力，提高教学质量。

2. 马什的一般传播模式

这一模式共有十九个步骤，外加一个产品导向。从阶段划分的角度来看，这一模式主要包括四个阶段：基本设计阶段、中心观念衍化阶段、控制信息复杂性阶段、信息组合阶段。

（1）基本设计阶段

这个阶段的主要目的是为各阶段提供信息输入。一般而言，这个阶段主要有四个步骤，分别是选择策略、写出接受者的概况、强调中心观点和建立行为目标。

（2）中心观念衍化阶段

这个阶段是对第一个阶段的扩充，把中心观念衍化为几个具体的步骤形成总体内容框架，根据总体策略与学生的特征选择具体的教学呈现方式，同时选择信息的组织方式。

（3）控制信息复杂性阶段

这个阶段的信息通过不同的传播渠道，如听、视、多媒体等，与选择合理的信息密度构成了传播的背景，而在教学过程中，必须对信息的复杂性进行检测，以保证在学生可接受的范围内。

（4）信息组合阶段

这个阶段教学设计者要以不增加信号的复杂性为前提，使用音乐、色彩和视觉组合，从而可以获得不同的效果，来提高教学的质量。

（三）学习和教学理论基础类型

一般而言，在学习理论和教学理论的基础上建构出来的教学设计模式比较多，这些模式是在遵循系统理论的基本思想和观点的前提下，以学习理论和教学理论为基础的。具体来说，其主要包括以下五种模式：

1.加涅和布里格斯教学设计模式

这一教学设计模式在该领域里具有一定的影响力。加涅和布里格斯在他们的教学设计模式中描述了教学设计的序列。加涅认为："教学是一系列精心为学生设计和安排的外部事件，这些事件用于支持学生内部学习过程的发生。"因此，关于加涅和布里格斯应用信息加工的学习理论，主要通过九个事件表述："吸引学生注意力""告知学生学习目标""回顾教学所需的技能""为学生呈现刺激材料""为学生提供学习指导""引发学生主动学习行为""提供行为正确与否的反馈""评估学习行为""增强保持与迁移"。

以上这些教学事件可用在各种类型的学习过程中，并可以根据不同的教学目标进行适当的调整。一些研究者认为，具体的教学设计主要集中在"为学生呈现刺激材料""为学生提供学习指导""引发学生主动学习行为"三个事件上。教学设计者要根据实际情况灵活地运用教学技巧，巧妙地安排教学活动，以优化每一个教学事件，保证教学的整体效果。可以说，这一模式是建构在信息加工的学习理论基础上的，并按其基本思想，为学生提供有效学习的基本程序。

2. 凯普教学设计模式

这一模式的发明者凯普在其著作《教学设计过程》中，把教学设计的过程展开为以下八个要素：

第一要素：明确教学问题，分析教学项目的目标。

第二要素：考察每个学生的个性特点，在教学设计时需充分吸引其注意力。

第三要素：明确学科的内容，分析与教学目标有关任务的各组成部分。

第四要素：向学生陈述教学目标。

第五要素：在每个教学单元中将内容程序化。

第六要素：设计教学策略，尽可能让学生达到教学目标。

第七要素：根据教和学的模式，计划教学传递方式。

第八要素：进行目标评估和评价准备，选择教学资源支持学习活动。

综上所述，这种模式的特点表明教学设计是一个连续过程，评价和修改作为一个不断进行的活动与其他要素相互联系。教学设计具有灵活性，可以在任何环境、任何顺序下进行。以上八个要素之间是相互联系、相互作用的，各个要素之间没有线条连接，换句话说，在有些情况下可以忽略某一个要素。学习需要和学习目的以这种环形结构模式为中心，说明它们是教学设计的依据和归宿，各个要素都应围绕它们而进行设计。

3. 梅里尔教学设计模式

这一模式是通过部分呈现理论来设计的，主要通过三个方面考察了教学材料的设计过程：一是对学习结果进行分类，要先确定学习结果，并将其分为事实、概念、过程、原理四类；二是教材的呈现形式；三是教材的呈现要素。在考虑教学的呈现形式（教学传递方法）时，虽然呈现的方式只有两种，但呈现的要素可以是一般性的定义、程序、原理、例子，把呈现方式和呈现要素加以匹配，就能形成多种教学传递方法。

这一模式还对呈现教学的方式做出了规范和描述。其规范是在分析了内容类型、要达到的学习结果（行为水平）、选择的呈现形式等方面的基础上总结归纳而成的。其中，规范方法在整个理论中占统治地位，其他方面都服务于规范方法。部分呈现理论作为一般性的模式，可以适用于任何学科和任何教学情境，但它基本上是以集体教学定位的。学生在了解了体育教学优化内容和有关序列后，就会制定出符合自己需要的计划了，即采用自己的学习策略。

4. 史密斯和瑞根教学设计模式

这一模式可以分成分析阶段、策略阶段和评价阶段三个阶段。

第一阶段，分析阶段，需要分析的主要内容包括学习环境、学生、学习任务，制定初步的设计栏目。

第二阶段，策略阶段，要求确定组织策略、传送策略，设计出教学过程。

第三阶段，评价阶段，要求进行形成性评价，对设想的教学过程予以修正。

5. 迪克和凯瑞教学设计模式

这一模式最大的特点是契合实际教学，在课程规定的教学内容和教学目标下，对如何传递教学信息进行研究，因此受到了普遍的关注和欢迎。根据教育体制，大多数教师没有对现有教程的教学内容和教学目标进行自主改变的权利，他们只能在微观上研究，更快、更好地组织教学信息并用有效的方法传递给学生。因此，这一模式的设计步骤和环节比较符合教师的实际教学情况，贴近教师的实际教学。

四、学校体育教学优化设计模式的功能

体育教学优化设计模式的功能很多，主要表现在以下三个方面：

（一）指导体育教学优化管理决策

体育教师对体育教学优化设计工作的管理是体育教学优化设计模式的一项重要内容，为了让教学工作能够有效地进行，加强这部分的管理是非常必要的，而体育教学优化设计模式为这一部分的管理提供了依据，这是因为体育教学优化设计模式提供了关于体育教学优化实践活动的各个环节、各个方面的信息。

（二）为教学理论提供资料和素材

体育教学优化设计模式包含了关于体育教学优化设计的特定理论和指导思想，如"以学生为主体"的体育教学优化设计模式就包含了"以学生为主体"的体育教学优化理论和相关的实践素材。这些教学理论可以转化为体育教学优化设计的理论，成为体育教学优化设计理论研究的来源；实践素材也可以给体育教学优化设计提供有关理论。

（三）为教学实践提供直接的指导

体育教学优化设计模式作为体育教学优化设计理论与实践的结合物，可以直接地、完整地指导体育教学优化设计的实践活动如何进行，包括体育教学优化设计的取向、步骤和操作方法等，这些指导对于有效地进行体育教学优化来说至关重要。

第四节　学校体育教学优化设计的过程与评价

一、学校体育教学优化设计的过程

体育教学优化设计的过程是指学校利用现代教育技术，实现体育教学优化、教学资源、体育教学优化效益最优化的过程，从而完成体育教学优化目标、体育教学优化策略、体育教学优化过程的设计。下面我们对这三方面设计的主要步骤进行简单的介绍。

（一）设计体育教学优化的目标

克拉克认为，教学目标是"目前达不到的事物，是努力争取的、向之前进的、将要产生的事物"。在《教育大辞典》中，"教学目标"被界定为"教学中师生预期达到的学习结果和标准"。因此，可以把学校体育教学优化目标理解为在一定的时间和范围内，师生经过努力后所要达到的教学结果的标准、规格和状态。简单地说，就是在学校体育教学优化中，教学者期望学习者在起点能力基础上，通过学习最终获得的能力。学校体育教学优化目标是体育与健康课程目标的具体化，是由教师根据有关教育法规、课程标准、学校体育教学优化的本质和功能、学生实际以及学校体育教学优化环境和条件的实际情况制定的。它是指导学校体育教学优化活动设计、实施和评价的基本依据，只有明确体育教学优化目标，学校体育教学优化才能有的放矢，确定学校体育教学优化目标是学校体育教学优化设计的核心问题。

1. 学校体育教学优化目标设计的依据

设计学校体育教学优化目标时应考虑以下五个方面：

第一，设计学校体育教学优化目标应以学校体育的主要功能为依据。学校体育的功能影响着学校体育教学优化目标的确定。随着对学校体育多项功能的挖掘，教学目标也趋向多元化。

第二，设计学校体育教学优化目标应以学校体育教学优化内容为依据。学校体育教学优化目标的设计必须对体育教学优化内容进行认真分析，分析其中的教育元素，确定学校体育教学优化的重点和难点，为建立体育教学优化目标奠定基础。

第三，设计学校体育教学优化目标应以学校体育总目标及每个目标层次的上位目标为依据。每一个上位目标都是其下位层次目标的积累，每一个下位目标是其上位目标的细化。

第四，设计学校体育教学优化目标应以学生的条件为依据。学校体育教学优化目标的设计要考虑学生对体育的兴趣、态度、需要、学习倾向性等个性因素以及学生的身心发展规律和学习状态。

第五，设计学校体育教学优化目标应以学校物质条件的制约为依据。设计学校体育教学优化目标还应满足学校体育教学优化的场地、器材、设施等，以便使所涉及的学校体育教学优化目标更符合实际，更加可行。

2. 学校体育教学优化目标设计的步骤

总的来看，在设计体育教学优化的目标时，应按照以下步骤进行：

（1）分析体育教学优化对象

对教学对象的分析通常包括一般特点、起始能力、学习风格等。通过对这些内容的分析，教师可以找出体育教学优化过程中一些问题的解决方法，调整教学对象的学习状态与教学目标之间的差距。同时，教学对象的学习个性特点对体育教学优化目标的实现也有一定的制约作用。分析学习需要可通过内部需要评价和外部需要评价进行。通过这两种分析，如果有差距，就说明存在问题。然后，教师可以在此基础上，进一步分析问题的根源，最后确定教学目标。

（2）分析体育教材内容

分析体育教材内容的目的在于确定体育教材内容的特点、功能、范围和深度以及选择体育教材内容的依据等，以便使体育教材内容更好地为体育教学优化目标的实现服务。为了实现体育教学优化目标，选择合适的体育教材作为传授体育知识的载体是非常必要的。在体育教学优化目标的设计中，教育者必须深入地分析体育教材内容的特点、功能，以明确学习者应该掌握哪些知识、需要培养哪些素质和能力。具体来说，分析教学内容的步骤有以下六个方面：

一是选择与组织单元体育学习任务。二是确定单元体育教学优化目标。三是对体育教学优化任务进行分类。四是对体育教学优化内容进行评价。五是分析体育教学优化任务。六是进一步评价体育教学优化内容。

（3）明确体育教学优化目标

在学校体育教育中，仍然有很多体育教师采用传统的体育教学优化思想，从主观愿望方面认识教学目标，对教学意图作普遍性的陈述，这就使他们在教学中很难把握好尺度，对教学效果的测定也较困难。经过教学新思想的引入和人们在传统教学实践中总结的经验，一些体育教师逐渐意识到了必须把笼统的体育教学优化目标转化为精确的、具体的教学目标，必须说明学习者学习后能达到的程度，必须使教学目标具有精确性、可观察性、可测量性，以克服体育教学优化目标的模糊性和不确定性。具体的教学目标主要包括以下四个方面：

一是教学对象，是指教学所针对学生的类型，如学生个性特征、身体特征等。

二是学生的体育行为，主要是指学生在学习后应获得的知识和技能，态度的变化等。

三是确定行为的条件，条件是指能影响学生学习结果的限制或范围。

四是学习变化的程度，是指学生达到体育教学优化目标的最低衡量标准，是阐述学习成就的最低水准。程度可以从行为的速度（时间）、准确性和质量三个方面进行确定。

（二）设计体育教学优化的策略

"策略"原意是指对大规模军事行动的计划和指挥，一般又指为达到某种目的使用的手段或方法。学校体育教学优化策略是体育教师为有效地完成学校体育教学优化目标而采用的学校体育教学优化活动准备、教学行为和教学组织形式选择、教学媒体选择等因素的总体考虑。

体育教学优化策略的设计主要包括体育教学优化组织形式的设计、体育教学优化方法的设计和体育教学优化手段的设计。

1. 体育教学优化组织形式的设计

体育教学优化组织形式，就是合理、有效地利用教学时间和空间，充分发挥教师、学生和教学内容、方法、手段作用的一种定型的体育教学优化活动结构的组合形式。在体育教学优化过程中，体育教学优化组织形式非常重要。它包括两个方面的特点：一方面，特殊的教学环境对教学组织提出了较高的要求；另一方面，教学组织形式受到很多因素的影响，因此，要根据具体环境灵活变换组织形式。一般来说，体育教学优化主要包括集体授课、个别化学习和小组相互学习三种基本组织形式。

实施体育教学优化活动的关键就是运用科学、合理的体育教学优化组织形式取得最佳的体育教学优化效果。所以，体育教师需要全方位地考虑体育教学优化过程中的教师和学生、教学的软硬件设施、教学的时间和空间、体育教材内容、体育教学优化目标等因素，准确地选择和创新体育教学优化组织形式。

体育教学优化组织形式的设计主要是为达到体育教学优化目标，对体育教学优化过程中的人、财、物、时空等进行设计，涉及教学组织形式的精选和灵活运用。通常而言，体育教学优化组织形式设计的内容包括以下几点：体育课堂常规的设计，选择教学场地与器材的布置，队伍、队形的安排与调动，集体教学、分组教学或个别教学形式的选择。

2. 体育教学优化方法的设计

体育教学优化方法的设计关系到新课程目标能否有效实现，取决于能否激发学生参与体育活动的主动性与培养学生体育学习的兴趣等要素。这就要求体育教师必须根据体育教学优化目标、教学的实际条件和学生的特点，对现有的、新引进的体育教学优化方法，按照体育与健康课程标准的理念和要求进行精心设计，以发挥体育教学优化方法提高教学质量的作用。体育教学优化方法主要有三种类型：一是发展学生体能的方法，二是学生学习体育基本知识的方法，三是培养学生参与意识、心理素质、社会适应能力的方法。在体育教学优化实践中，对体育教学优化方法的设计主要分为以下三个步骤：

（1）按照一定的程序进行设计

体育教学优化方法的设计程序是体育教学优化方法设计顺利实施的保障，包括以下四个步骤：首先，设计由学生独立学习体育教材或是在教师指导下进行体育学习的方法；其次，设计采用讲授法或是探索法；再次，设计激发学生体育学习兴趣和动机的潜能；最后，考虑所设计的各种方法相结合的不同方案等。

（2）对教材内容和教学媒介进行分析

教材内容和教学媒介的详细分析对完成体育教学优化目标具有非常重要的作用，即要明确完成教学目标的手段，从而为设计出恰当的、对实现教学目标有帮助的教学方法奠定基础。

（3）了解相关的体育教育教学规律

体育教学优化要遵循的规律主要有体育学科的特点、学生的身心发展特征以及体育教学优化的生理学基础、心理学基础、运动学基础和社会学基础等。它们可为设计出科学、合理且有针对性的体育教学优化方法提供理论依据。

3. 体育教学优化手段的设计

（1）依据体育教学优化任务进行设计

根据教学内容需要的不同，如教学内容的特点和功能、学校和体育教师的实际情况以及学生的特点来对现有的体育教学优化手段进行加工、改造和创建。例如，在篮球教学中，教师需要选择和设计的体育教学优化手段是完善篮球场、篮球，甚至挂图、录像机、幻灯片或其他的教具等的选择与设计。再比如，某教师的体育教学优化内容是民族传统体育。在体育教学优化内容的传授过程中，该体育教师应根据教学内容的要求和学生的实际生活经验，在设计体育教学优化手段时，和学生一起制造体育器材。这不仅增强了学生与教师之间的交流和沟通，培养了学生的创新意识和能力，同时也为体育教学优化手段的创新打开了新思路。

（2）依据体育教学优化目标进行设计

要根据实际情况和教学目标的要求来选择教学手段，如要使学生了解体育与健康的基础知识、某个动作技术的基本原理，或掌握某个项目的技术等。为达到不同的体育教学优化目标要采取不同的教学手段传递相关的信息。因此，在体育教学优化手段的选择和设计的过程中，体育教师要根据教学目标，精心设计现有的体育教学优化手段。

（3）依据体育教学优化对象进行设计

由于不同年龄阶段的学生对事物的接受能力有差异，在教学手段的选择过程中，体育教师一定要根据学生的年龄特征、个性特点、学习风格等进行。例如，小学生虽然记忆力发达，但注意力不容易集中，他们的认知是直观、形象的，对他们可以较多地使用与儿童生活联系较密切的、直观的、简单的教具，如幻灯片、录像等进行教学。随着学生的年龄增长，他们的概括和抽象能力有了较大发展，感知的经验逐渐丰富，注意力集中的时间延长了，这时为他们选择和设计的体育教学优化手段可以广泛且复杂一些。此外，学生的兴趣和发展需要等要素也是选择和设计体育教学优化手段必须考虑的。

（4）依据体育教学优化实际进行设计

在设计和选用体育教学优化手段时，体育教师要考虑教学环境、教学资源、教师技能、经济能力等多个方面的因素。无论是对体育场地器材、设备进行教材化改造，还是根据学校实际创建简易教学设备或利用自然条件的优势进行教学，或是加入现代化的科技教学工具等，都应该切合教学实际进行设计、加工、选择，确定耗费低、安全性能高、趣味性强、形式新颖、容易激发学生体育学习兴趣、符合学生年龄特点和兴趣爱好的体育教学优化手段，甚至可以引导学生自己改造或创新体育教学优化手段。

（三）设计体育教学优化的过程

学校体育教学优化过程是一个系统的运行过程，是师生共同参与，是由确定目标、激发动机、理解内容、进行身体反复练习、反馈调控与评价等环节组成的，是特定时空连续运行的过程，并且有阶段性和层次性的特点。

体育教学优化过程设计是指通过流程图来反映和分析设计阶段的结果，形象地表达教学过程，直观描述教学过程中教师、学生、教学内容之间的关系，从而为体育教师提供一个有价值的教学设计方案。具体来说，采用流程图方式演示体育教学优化过程可以直观展示各要素关系，体育教师能灵活、有目的地调整教学节奏，浓缩了体育教学优化过程，具有层次清晰、简明扼要、一目了然等优点。

课堂教学流程图的形式较多，下面介绍三种与体育教学优化相关的流程图。

第一种是示范型。示范型课堂教学过程流程图是体育教学优化方法中应用最广泛的，也是体育教学优化以身体活动为主要形式的学科特征的主要体现。在一些体育运动项目类的教材中，示范是体育教学优化过程设计的必要手段和重要途径。它能够以更加明确、直观的方式让学生了解动作规范。

第二种是探究发现型。探究发现型课堂教学过程流程图主要适用于学生观察、思考、探究理论规律的课堂上，是教学生学会体育学习的主要教学方法，可以培养学生的学习主动性和发现问题、探究问题、解决问题的能力。

第三种是练习型。练习型课堂教学过程流程图主要运用在以练习为主的体育课堂教学中，主要运用媒体或教师的示范为学生提供运动动作的路线、结构和动作的变化发展过程等，学生通过观察并模仿动作练习。

二、学校体育教学优化设计的评价

体育教学优化设计评价，实际上是指对体育教学优化设计方案进行的评价，即在体育教学优化设计方案推广应用之前，先在小范围内进行试用，从而了解体育教学优化设计方案的可行性、实用性、有效性等情况，主要包括对体育教学优化方案的评价、体育教学优化设计方案实施过程和结果的评价等。

（一）体育教学优化方案的评价

体育教学优化方案的评价是指对体育教学优化设计结果和教学方案进行检查、修改和完善的过程，是体育教学优化设计评价的第一步。它是形成优化体育教学优化方案的关键一环。

1.体育教学优化方案评价的作用

对体育教学优化方案进行评价，有利于促进体育教学优化设计理论的不断发展，提高教师对体育教学优化过程整体性的认识；有利于检查体育教学优化方案的完整性、科学性和合理性；有利于体育教师熟练地掌握体育教学优化设计的流程和操作技术；也有利于教学方案在实施之前得到最大程度的优化，为体育教学优化质量提高提供有力保障。

2. 体育教学优化方案评价的内容

评价体育教学优化设计方案涉及多种要素，主要包括体育教学优化目标、体育教材内容、体育学习者、体育学习需要、体育教学优化策略、体育教学优化过程和总体上影响体育教学优化实施效果的因素（体育教学优化模式、体育课的类型和体育课的结构）。

3. 体育教学优化方案评价的方法

教学设计方案既然属于教学技术学范畴，那么必须拥有能够检验自身缺陷的方法。这里我们介绍一种教学设计的缺陷分析法。我们知道，对于技术的改进和创造离不开对技术的实践检验，技术的改进和创造实质上就是技术实际运用的过程和结果。教学设计的缺陷分析法就是从结果的缺陷考查出发，再追溯到导致结果的过程本身的缺陷，最后发现技术本身的缺陷。因此，教学设计缺陷分析法评价的焦点不是它的优点或者有效性，而是它的缺陷。发现缺陷是技术进步之源，考查技术的有效性只是满足于运用的需求，却无法促进技术的进步。

通常情况下，寻找教学系统的缺陷在逻辑上主要有以下两种方式：

（1）通过一些专家对教学系统的定性分析，寻找其中的缺陷

运用这种方式需要专家具有能够充分理解和认识优良教学系统的能力，同时，由于缺乏足够的实证经验，只能依赖专家个人素养来确保分析的可信度。

（2）通过对实际教学实施情况的评价，来寻找教学系统的缺陷

由于这种方式需要大量的实践配合才能找出系统的缺陷，但实践中掺杂了一些不可预料和控制的影响要素，在具体教学实施过程中表现出来的缺陷不一定就是由设计方案造成的。

4. 体育教学优化方案评价的标准

一般来说，体育教学优化方案评价的标准涉及体育教学优化目标、教材内容、体育学习者、体育学习需要、体育教学优化策略、体育教学优化过程以及体育课的类型和结构等多个方面。

第一，体育教学优化目标的评价标准是体育与健康课程的领域目标、教学对象的特点和学习需要。

第二，体育教材内容的评价标准是内容选择要恰当，安排要合理。

第三，体育学习者的评价标准是体育教学优化对象应具有的学习起点、一般特点和学习风格。

第四，体育学习需要的评价标准是体育教学优化目标与体育学习者目前的现实状态（体育教学优化目标呈现的领域）的差距。

第五，体育教学优化策略的评价标准是方案中所采用的教学策略是否能有效达到教学目标，是否符合体育学习者的特点，是否适合体育教学优化内容。

第六，体育教学优化过程的评价标准是否为体育教学优化过程提供获得结果的依据，及设计结果的整体功能是否大于部分功能之和。

第七，体育课的类型和结构的评价标准是否符合体育教学优化目标。

（二）体育教学优化设计方案实施过程和结果的评价

体育教学优化设计方案制定好以后，就进入了实施阶段。体育教学优化设计方案制定的合理与否，只有经过具体的实践才能证明。凡是能够提高训练水平和促进学生健康发展的教学方案，都具有科学性和合理性，也能够得到学生的积极参与；反之，就是不科学、不合理的教学方案，应当重新设计。在实施阶段结束之后，就进入了教学设计方案的评价阶段，最后写出评价结果报告，其评价标准如前所述。

1. 评价方案的制定

（1）收集反馈信息

在试用体育教学优化设计方案阶段应收集两种反馈信息：一种是体育教学优化过程信息，用数据来显示体育教师在试用体育教学优化设计方案中的问题，数据来源于对体育教学优化活动展开的观察和学生在体育教学优化过程中的反应。在收集这类反馈信息时，至少应用两种评价工具，以保证收集到可靠的信息和足够的信息量。另一种是学习者的学习成就信息，它是体育教学优化设计方案的使用给学习者带来的体育知识和技能、情感、态度和价值观方面的变化以及达到体育教学优化目标的程度。这类资料也用数据表示，数据来源可以是学习者对一系列测试项目的反应。

（2）制定教学设计方案的评价标准

一般来说，在确定收集资料的类型后，还需要进一步制定衡量这些资料的标准。这时候所建立的标准都是尝试性的，具有一定的随意性。因此，这些标准应在实施中加以修改，可使用百分比、等级制等。此外，在制定评价标准时，教师应当尽可能采用定性和定量相结合的方法。

（3）选择被试人员

通常来说，在一般的体育教师对某一堂体育课实施的体育教学优化设计方案中，被试人员就是体育教师本人和所任课班级的学生。而在专门的体育教学优化设计人员设计的方案中，被试人员是有目的地被选择。

体育教学优化设计的形成性评价不可能拿太多学生和体育教师来做试验，通常只需挑选少数学生和个别体育教师作为被试样本即可，因此，对样本的代表性要求较高。对于那些比较重要的体育教学优化设计项目，在条件许可的情况下，应当扩大样本人数。

（4）阐明试用设计方案的背景条件

设计者应说明在什么样的条件下进行体育教学优化设计方案的试用；怎样进行体育教学优化设计方案的使用；应具备或提供什么条件，并将受到什么限制。例如，是城市学校，还是农村学校；是普通中学，还是示范性中学。对于如何展开体育教学优化设计方案的试用过程，包括怎样开始、怎样结束、中间要经过哪些环节、每一个环节怎样衔接、体育教师做什么、学生做什么等。

2.体育教学优化设计方案的试用和相关资料收集的基本步骤

通常而言，体育教学优化设计方案的试用和相关资料的收集需同时进行，其基本步骤如下：

（1）向被试者说明须知

教学前，应让被试者了解试用教学设计方案的有关情况，如试用方案的目的，试用活动的程序和试用所需的时间，被试者将参与活动的类型及其注意事项，将收集何种方面的资料以供分析使用，应该以什么态度和方法做反应等。

（2）实施教学

教学设计方案的教学应具有可复制性的特点，即对第一组被试者进行教学后，被试者的学习水平应达到预期的教学效果（教学目标的要求）；对第二组被试者进行教学后，也得到了与第一组被试者大致相同的教学效果。这就要求教学设计方案必须是完整的，必须保证教学严格按照教学设计方案进行，以及教学的背景应尽量避免人为因素，教师应清楚如何处理学习者的问题和应该教到什么程度，并明确在什么样的条件下给学习者提供何种帮助。

（3）观察教学

在体育教学优化方案试用过程中，应该安排一定的观察者，观察整个教学过程，并做好记录，需记录的内容主要包括以下五个方面：

一是各项体育教学优化活动花费的时间。二是教师是如何指导各项教学内容学习的。三是学习者提出哪些问题，问题的性质和类型。四是教师是如何处理这些问题的。五是在整个学习过程中，学习者的注意力、学习的主动性怎样。

（4）后置测试和问卷调查

通常情况下，在体育教学优化设计方案确定并试行后，设计者应根据实际情况及时对其进行测验和问卷调查，以便第一时间掌握该方案的优点和缺点，及时进行改进。通俗地讲，测验就是针对该设计方案的实施情况对学生进行随堂测验，并收集成绩资料；问卷调查就是收集所有参与该体育教学优化设计方案的实施人员对教学过程的意见。此项活动可以在教学试行后进行，但若是想了解教学设计方案对体育与健康知识和动作技能的保持是否有意义，收集成绩资料和测验应适当地推延一段时间。

3. 归纳和分析资料

设计者在根据上述方法收集了一系列资料之后，经过数据比较，对现有的资料进行系统的初步分析。在分析中，要对自己发现的重要问题及时作出解释，并通过恰当的途径证实自己的解释，一般可利用咨询有关专家和有经验的教师，以及采用与被试师生进行个别面谈或集体座谈等方式来证实自己的初步分析结果和改进意见。最后再将访谈结果与初次分析结果综合起来，对评价资料进行深入分析，并在此基础上酝酿修改设计成果的方案。

4. 评价结果报告

对体育教学优化设计方案的修改工作不一定是由原设计者来完成的，时间也没有定性，因此，需要将试用和评价的有关情况和结论写成书面报告，具体内容主要包括体育教学优化设计方案的名称、试用宗旨、试用范围、试用要求、评价、评价项目、评价者的姓名与职称、改进意见和教学设计方案的评价时间几个方面。

　　需要指出的是，除评价报告外，设计者还应在后面附上评价数据概述表、采访记录、有关分析说明等其他书面材料。

第七章 学校体育教学优化组织与管理

第一节 学校体育课的种类与结构

一、体育课的类型

体育课的类型是指按不同依据和标准划分课的种类，即上课具体形式的种类。研究课的类型，旨在体育教师熟练掌握各种类型课的特点，并能按照课的具体类型组织课堂教学，使体育教学优化活动符合体育教学优化过程的规律，更好地完成课的任务，实现体育教学优化目标。

由于体育教学优化任务较复杂，而体育课型又是由课的目标、内容、教法、学法、师生特点和教学环境条件所决定的，因而形成了多种课的类型。通常将体育课按照上课的内容性质划分为理论课和实践课两大类。

（一）体育理论课

体育理论课主要是指在室内讲授体育和健康知识的课。其教学内容可分为两大类：

1. 体育与健康基础知识

体育与健康基础知识包括学校体育的目的任务，体育运动卫生保健常识、健康的含义，体育对增进健康、增强体质的作用，科学锻炼身体的方法原理，体育与智力的发展、个性的形成之间的关系，学校体育卫生法规等。

2. 各运动项目基础知识

运动项目基础知识主要包括有关运动项目的技术、战术理论、竞赛编排和裁判规则等。体育理论课的主要作用是：通过向学生传授体育、健康及身体锻炼卫生保健的基本理论知识，提高学生的人文素养，培养学生的体育和健康的意识，激励学生学习和参加体育活动的兴趣与爱好，使学生具备有关的知识并能运用这些知识去指导自身的卫生保健和体育活动。

根据教学目标的不同，体育理论课可分为讲授课和考核课两种类型。

（1）讲授课

讲授课是指体育教师按照体育教学优化计划，在课堂上向学生系统地讲授体育、健康基本理论知识的课型。

讲授课是体育理论课的主要形式，根据学校体育工作、体育教学优化目标和学生身心等的需要，合理地安排理论课的教材内容和比例。例如，中学低年级的课程重点包括体育活动的手段与方法及体育卫生要求等；而高年级的课程则增加了竞赛规则、技战术分析、安全急救和科学锻炼的方法及原理等，扩大高年级学生的体育健康知识面和文化素养。理论课的内容也可以根据地方传统、季节体育活动特点和重大体育节来安排。总之，理论课应紧密联系实际，切实起到指导体育实践的作用。

（2）考核课

考核课是检查学生掌握所学体育理论知识情况的一种课型，一般安排在期中或期终进行。考核的方式有抽查个人或小组、课堂测验、期中期末考试等。考核后要进行评分和试卷分析，对存在的问题应向学生进行讲评。

理论课应根据教学任务、教学进度、学生身心发展特征等因素，有计划、有系统地安排，一般可安排在开学初或重大体育活动前，也可结合季节特点并尽可能利用雨雪天进行。

（二）体育实践课

体育实践课的结构是指根据教学进度所规定的教学内容要求，组织学生在体育场馆进行身体活动练习的课。中小学实践课一般是四十至四十五分钟为一节，大学实践课一般是九十分钟，连上两节为一次课。

体育实践课的目的是帮助学生掌握锻炼身体的基本动作、技能和方法，发展体能，增强体质，促进学生身心健康。根据每次课的具体教学目标的不同，实践课一般可分为引导课、新授课、复习课、综合课和考核课五种课型。

1. 引导课

引导课是指新学期开始的第一节体育课，也是新学期体育教学优化工作的序幕。引导课是为了更好地完成学期教学计划，实现学期教学目标，明确、强调某一教学阶段的教学目标、要求和内容等进而激发学生学练兴趣而专门组织的。体育教师在上体育引导课时应注意如下三点：

第一，总结上学期体育课及各项体育活动情况，说明新学期学校体育工作安排、本学期体育课教学目标和要求、教学内容和考核标准、学校运动会竞赛计划与安排。

第二，介绍体育课堂常规，教会学生预防运动损伤事故和运动安全事故的基本知识和方法。

第三，本班内要对刚入学的新生介绍本校体育方面的成绩、开展体育活动的情况和优良传统，激发学生上好体育课和参加体育活动的热情。

2. 新授课

新授课是指以学习新教材内容为主的课型，其主要任务是帮助学生形成正确的身体活动动作的概念和表象，基本掌握身体活动动作的要领和方法。在进行新授课教学时，应注意处理好以下五方面的关系：

第一，使学生明确学习新教材内容的作用和基本要求，并扼要阐明新内容与旧内容的内在联系，激发学生对新内容学习的兴趣和积极性。

第二，教师应正确地运用讲解、示范，以及采用辅助、诱导、帮助、保护等教法措施，帮助学生在学习新教材内容过程中，迅速地形成正确的概念、表象，明确完成新动作要领、方法，使学生尽快领会和掌握新动作。

第三，教师应根据新教材内容的性质和学生的具体情况，合理、科学地安排教法、教学步骤，分清主次，突出重点、难点，符合学生的实际，减少学生在学习过程中会遇到的困难，提高教学效果。

第四，帮助学生掌握所学新动作的基本环节，注意纠正学生中普遍存在的错误，加强辅导，使学生尽快正确地掌握新动作。

第五，在新授课中，教师应安排和调节好课的练习密度和运动负荷，精讲多练，使学生既能学习和掌握动作技能，又能使机体活动能力得到提高和发展。

3. 复习课

复习课是对已经学过的教材内容进行复习、改进和巩固提高的课型。复习课不是简单地重复已学过的教材内容，而是在原学习的基础上逐步地熟练、巩固、提高动作质量，形成正确、牢固的动力定型。要提高复习课的效果，合理地组织教学是关键。在具体教学时，应注意以下三方面的要求：

第一，在复习课中，教师应根据学生对已学教材所掌握的实际情况，提出新的、具体的教学目标与要求，并考虑如何采用有效的教法措施来实现这些基本要求。

第二，教师应帮助学生改进、巩固和提高动作的质量，在统一指导的基础上注意区别对待，根据学生能力和水平不同提出具体的要求，并善于发现学生的优点和缺点，通过比较、分析、纠正错误等教学措施，调动不同学生练习的积极性，提高教学质量。

第三，为了改进、巩固和提高动作质量，发展学生的体能，增强学生的体质，在复习课中，教师应根据实际情况适当增加练习的重复次数和强度，合理地增大这类课的运动负荷。

4. 综合课

综合课是指新授内容和复习内容合理搭配的一种课型，即学生在课中既要学习新内容，又要复习巩固已学过的内容。综合课的优点：可以是同一教材内容的新旧结合，有利于加强教材内容的内在联系及整体性，以促进新动作的形成与巩固；也可以是不同教材内容的新旧搭配，如上肢与下肢活动教材内容的搭配，有利于促进学生身体全面发展，增强体质、体能。综合课是目前中小学校体育课中最常用的一种课型。为了有效提高综合课的教学质量，具体应注意以下三点：

第一，注意合理安排新旧教材的教学顺序，加强教材内容之间的联系性和整体性。

第二，在实际教学组织过程中，合理搭配不同性质、不同难度的新教材和旧教材内容。

第三，根据新教材和旧教材内容特点和要求，对不同年龄、性别、水平的学生进行合理分组练习，并合理地分配练习时间、安排练习密度和运动负荷。

5.考核课

考核课是以检查学生阶段或学期学习成绩为目的的一种课型，即给予学生某一种教材内容或某一阶段的学习情况以作出终结性评价，主要包括知识、技能和体能三方面的评价。在组织考核课时，应注意以下四点基本要求：

第一，在考核课前，应使学生明确考核的目的、内容、标准和基本要求，端正学生对考核的认识态度，使学生在身心方面能做好充分准备。

第二，组织学生充分做好准备活动，准备活动时间根据考核项目的需要而定，除安排测验项目内容外，可以适当地安排一些轻快的练习内容。其意义：一是可使未轮到考核的学生保持良好的身体活动状态参加考核；二是可使考核完的学生得到放松。

第三，考核课应加强安全措施教育，防止运动损伤事故的发生。

第四，认真做好考核的准备、组织和记录工作，如准备测试表格、秒表、皮尺、场地和考核分组等；预先安排好时间，客观地测定与记录学生考核成绩，以保证考核课的顺利进行。

二、体育课的结构

（一）体育实践课结构分析

体育实践课的结构是指构成一节课的几个部分以及各个部分的具体安排设计，包括教材内容和组织工作的安排顺序与时间的分配等，即整个课堂教学活动模式的框架。课的教学活动过程包括教师、学生、教材内容、教学手段与条件四方面的因素。因此，课的结构框架设计与上述四要素有密切关系。

体育实践课的结构可分为基础结构（大结构）和具体结构（微观结构）。基础结构一般是指组成一节体育课的各个部分，即体育课的大轮廓，通常具有相对的稳定性。具体结构是指课的各个部分具体的安排和设计，包括每个部分的教学目标、教材性质、学生特点、组织教法措施、密度和运动负荷及时间分配等，教师的教学风格及特点的不同，因此，其具有一定的灵活性。

（二）体育实践课的结构划分方式

体育实践课的结构有不同的划分方式，大体有三段式、四段式、五段式等划分方式。随着体育课程的改革和发展，体育课的教学目标被划分为不同方面目标，目标的改变必然引起体育课内容、方法、组织等的改变，因而，对体育课结构的划分有了新的发展，除经典的三段式结构外，出现了"五部分""一体式"结构和三段式基础上的"模块式"等多种划分。

体育实践课结构的划分依据：

1. 人体生理机能活动能力变化规律

人体机能活动能力变化可分为三个阶段：一是人体由相对安静状态进入工作的状态，即机体工作能力上升阶段，这一阶段在课的结构中被称为准备部分。二是机体工作能力从相对的较低水平逐步地提高到较高水平，并在相当长的一段时间内保持最高水平的阶段，这一阶段在课的结构中被称为基本部分。三是机体工作能力经长时间较剧烈的身体活动和承受较大的运动负荷后逐渐下降，这一阶段被称为机体工作能力下降阶段，即课的结束阶段。

2. 学生的心理活动变化规律

学生的心理变化与体育课及各部分的具体教法、内容的安排有直接的关系。其实，在体育课之前，学生的心理已经发生变化，通常称为运动前状态或课前状态。例如，在课前，有些学生想到要上课和参加各种体育活动，就可能产生兴奋和跃跃欲试的心理，这是学生课前情绪高涨、心理状态良好的表现；而有些学生想到要上体育课就可能产生怕苦、怕累的心理。所以，学生在课前的心理状态与以前体育课的体验和将要上课的具体学习内容等都有密切的联系。

3. 教学过程的一般规律

体育课的结构在很大程度上取决于体育教学优化过程的基本规律，如认识事物的规律、动作技能形成的规律及教与学的辩证统一规律等。合理的课堂结构能帮助学生机体更好、更平稳地进入工作状态，使机体工作能力尽可能长时间保持在稳定和适宜的水平，从而为实现课的教学目标、完成各种身体练习创造良好的条件。在课的具体结构划分时，如果不注意考虑体育教学优化过程的基本规律和要求，就会使课堂结构不切合实际，浪费时间，影响学生的学习积极性和兴趣，严重的还会伤害学生的身体等。此外，在具体确定体育课的结构时，教师应认真考虑课的类型结构与教学目标、教材内容、学生身心特点和教学条件等因素的关系。

（三）体育课的具体结构

1. 课的基本结构

根据上述确定课结构的理论依据与体育教学优化过程的特点，将体育实践课的基本结构划分为准备部分、基本部分和结束部分三个阶段。

（1）准备部分

目标：集中学生精神和注意力，明确教学目标与要求，充分做好准备活动。

内容：教学常规、一般性准备活动和专门性准备活动。

组织教法：练习方式可采用集体或分组形式进行，既可定位练习，也可以行进间练习。

时间：约占课的总时间的30%，十分钟左右，一般应根据教材内容性质、学生特点、季节气候等具体情况来确定。

（2）基本部分

目标：学习、复习、考核课程标准和教学计划规定的主要教材，使学生掌握科学锻炼身体的知识、技能和方法，发展体能、增强体质、增进健康、培养良好的道德品质和行为习惯。

内容：包括学校体育课程标准规定的教材内容和结合本地区、本校实际情况所选用的具有乡土特色的教材内容，以及根据学习主教材的需要而选定的辅助性、诱导性练习等。

组织教法：组织形式一般可采用分组轮换和分组不轮换的形式进行。

时间：约占课的总时间的70%，三十分钟左右。时间的安排取决于教材内容的性质、负荷和学生特点等。

（3）结束部分

目标：使学生身体逐渐地恢复到相对安静状态，对本次课的教学情况进行小结，布置课外作业，预告下次课的内容。

内容：选用一些动作结构简单、节奏缓和轻快的身体练习，如活动性游戏、徒手操、舞蹈、慢跑等。

组织教法：采用全班集体的形式进行，也可分组进行整理放松活动，然后集中全班小结。

时间：约占课的总时间的 10%，一般为五分钟左右。

体育实践课几个部分的划分是相对的，它们互相衔接、紧密联系、和谐统一地构成课的整体。基本部分是完成教学目标的主要部分，而准备部分和结束部分不单是为基本部分教学目标服务的，也具有教育和教学因素。总之，在设计课的结构时，设计者应根据教学目标、教材内容及学生身心特点而定。

2. 课的微观结构

课的微观结构（具体结构）是指课的各个部分具体内容的顺序和时间等的设计和安排，包括各个部分的教学任务、内容、组织教法措施、密度和运动负荷以及时间分配等。因为每次课各个部分的具体内容有所不同，所以课的具体结构有明显的灵活性和变异性。因此，教师应根据课的目标及各部分的任务，认真设计、组织好微观结构的教学工作，确保教学目标的达成。

课的准备部分的具体内容包括：整队、检查人数、宣布课任务和要求，布置见习生活动内容、队列练习、集中注意力的练习、一般性准备练习，专门性准备练习游戏以及讲解示范和队伍调动等，教师要在七至九分钟内完成各项活动。所以，教师必须预先认真设计好每一项活动的具体次数、时间，如教师讲解示范占多少时间，学生准备活动占多少时间。对于各项活动的前后顺序与联系等，教师都要一一计划安排好，才能确保课的顺利进行。

基本部分的具体内容有：教师讲解示范、专门性练习、新旧教学内容、教和学的步骤、正误对比、教学比赛、游戏、身体体能练习、学生练习与休息、队伍调动等。在教学实践中，教师除应注意各项目的前后顺序及联系安排外，更应注意各项的分组练习次数与时间的分配。

结束部分的具体内容一般包括队伍调动、全身放松练习、呼吸练习、游戏舞蹈以及总结和布置作业等，教师在这部分应对每次活动都作出具体安排。

课的微观结构是完成教学任务的主要环节，所以，教师应根据实情，合理地设计、安排、组织好各环节的教学，以保证课的顺利进行，提高课的教学质量。

三、体育课的密度和负荷

（一）体育课的密度

体育课的密度是指在单位时间内，有效教学活动所占的比例。体育课的密度分为综合密度（也称一般密度）和专项密度两种。

综合密度是指在一节课中，各项教学活动合理运用的时间与课的总时间的比例。通常一节课中的教学活动主要有：教师指导、学生做练习、相互观察与帮助、练习后的休息、组织措施。这五项活动都是教学过程不可缺少的，但核心是学生只有通过反复练习才能掌握体育的技术、技能，增强体质，其他各项活动都应围绕并有利于学生做练习。

专项密度是指课中的某一项或两项活动所用的时间与课的总时间的比例。学生做练习的时间与课的总时间的比例，称为课的运动密度（或练习密度）。它与课的运动负荷有密切联系，通常所说的体育课的密度，就是指课的运动密度。中小学体育课的运动密度一般以 20%～30% 为宜，在适宜的条件下，高于这一标准更好，但不要单纯追求运动密度。

体育课的密度是评判上好体育课的主要指标。研究课的密度的意义在于能最有效地、合理地使用上课时间，提高教学质量。

（二）体育课密度的安排与调控

影响合理运用课中各项活动时间的因素很多，所以，教师不但要在课前认真设计和安排好课的密度，还要具体根据课的实际情况，及时灵活调控各项活动的密度。在具体操作时，应注意下列要求：

1. 认真备课，周密设计

在课前，教师应根据课的教学目标、教材内容、学生情况、教学条件等，认真备课、周密设计、合理安排课中各项活动的具体内容和时间，并在课前做充分的准备工作，以保证课中各项活动时间的合理运用。

2. 改进教学组织水平

教师应严密教学组织措施，加强对各项活动的调控，尽可能减少整队、调动队伍、布置场地器材、分组轮换练习等不必要的组织措施的时间，使学生熟悉各项活动顺序与队伍轮换的要求，以适应教学的要求。

3. 改进教法，提高教学技巧

教师讲解示范力求简明、突出重点和把握要领，精讲多练。教具演示时机要恰当，辅导、纠正错误应区别对待，要合理安排学生的练习次数，并与休息合理交替，使学生在学习动作和加大密度过程中得到必要休息。

4. 加强学生思想、纪律教育

教师要使学生明确学习目的，自觉、积极地参与教学过程，注重发挥体育骨干和积极分子的作用。

（三）体育课密度的测定与评价方法

1. 测定的准备工作

研究课的目标、内容、组织教法和教案；明确测定者之间的分工与职责，一般两至三人一组，一人计时，一人记录，一人分析；准备好测定课密度的登记表、秒表、笔及必要用具；了解本班学生情况，选定测试对象，一般选择班里中等水平的学生；检查教学场地器材以及考虑气候条件等。

2. 测定工作的具体操作

测定课的密度是从课开始到结束，以秒为单位，将课中各项活动时间全部记录下来；用一只表从上课开始即开表不停地走，计算课的总时间；用另一只表测各项活动的时间。记录者将每次活动的实际时间、合理与不合理使用的时间及时准确地记录在课密度记录表上。

3. 测定数据统计整理

（1）体育课综合密度的统计整理

在课结束后，将所测得的数据进行计算和整理，按项填入课的综合密度统计表上，并对课的综合密度进行分析，主要分析合理、不合理使用时间的情况；各项活动合理运用时间与课总时间比例；各项活动合理运用时间之间的比例等。

（2）练习密度的测定与计算

测定练习密度是从上课开始到下课为止，记下学生实际练习（身体活动）的时间，逐一填写在体育课练习密度登记表上，然后做详细的分析。

由于课的各项活动形式有所不同，练习密度的测定根据不同活动项目的特点，其计算方法大体如下：

第一，练习时间。体育课中各项活动形式不同，具体各项活动时间的计算大体如下：

基本体操：包括徒手操、棍棒（绳）操、武术操、一般发展练习等，如果先讲后做，则做动作计为练习时间；如果边讲边做，则整个过程计为练习时间。跳绳、攀登和爬越、负重搬运和角力，从动作开始到结束计为练习时间，中断和等待练习的时间不算。

技巧、支撑跳跃、单杠和双杠：从开始姿势到结束姿势计为练习时间，如果用跑步、正步出入队列，则也计为练习时间。

跑：从预备姿势（各种起跑姿势）开始，到终点缓冲过程计为练习时间。由终点回队，如果要求跑（或慢跑）回，或走跑交替，则也计为练习时间。

跳跃：从开始姿势到落入沙坑（或垫子）计为练习时间。如果在平地上跳（无沙坑或垫子），则酌情计算。

投掷：从开始姿势到投出器材后，身体恢复正常姿势为练习时间。当拾回投掷器材时，如果要求跑步，则也计为练习时间。

球类、游戏、比赛：对于单个动作教学，一般只算从动作开始到结束为练习时间。集体活动、游戏比赛，原则上整个过程计为练习时间；如果因犯规、学生不积极、站着不动或中断时间，则应扣除或不计为练习时间。对于接力游戏和接力比赛，等待接力的时间不计为练习时间。

武术：从动作开始到结束计为练习时间。各种静止用力的动作均算练习时间，如基本体操中的静止用力动作，单、双杠的悬垂支撑动作，武术中的静止用力动作等。

当采用循环练习法时，原则上整个练习过程计为练习时间，除非中断或停顿。

第二，指导时间。凡是教师有目的地讲解、示范、演示、分析，以及利用个别指导等方式，指导学生学习掌握、巩固提高体育知识、技能的时间均为指导时间，一般从开始讲解、示范、演示、分析，一直到结束均计为指导时间。

第三，观察与帮助时间。凡是学生用于进行自学、互相观察、分析讨论、互相帮助的时间为自学、观察与帮助时间。

第四，组织措施时间。凡是课中整队、调动队伍、交换场地、搬运、安装、分发和收回器材等，一般都计算为组织措施时间，但如果教师有意识地通过跑步或其他放松练习方式调动队伍、收回器材等，则可计为练习时间。

第五，休息时间。凡是练习教师有意识地安排学生休息，或一个人练习后等待下一次练习，即一次练习后直到下次练习开始均计为休息时间。

第六，不合理的时间。凡是课中的时间，消耗在教学和与教学辅助无关方面的时间均为浪费的时间，即不合理地运用时间，包括迟上课、早下课，因为课堂准备不充分或课中教具的损坏，以及教师擅离教学场地导致课中教学活动的中断等。如果合理组织体育教学优化活动，则这些浪费时间是可以避免的。

（3）体育课密度的统计与制图

第一，统计时先把各项活动的时间相加，如教师的讲解、示范、个别指导等。

第二，将一节课的时间分化成秒。

第三，计算某项所用时间与上课总时间的比例，即某项所用时间与全课总时间的百分比例。

第四，根据上述计算的比例数，再计算该项比例数在百分圆形图中所占的度数。

第五，根据度数用量角仪制图。

在实践中，除百分圆形图外，也可制成百分直条图、多边形图等。综合密度测定结果的分析：

第一，分析课中各项活动所占时间的比例是否适当，不合理运用时间的原因。

第二，分析学生做练习的时间是多少，比例是否合适。

第三，分析总结的意见和提出合理改进建议。在分析课的密度时，教师应根据教学的目标、教材内容的性质、学生的特点、场地器材设备及气候条件等来进行。例如，对于新授课，教师指导的比例就相对要大些，而复习课练习的时间就要相对多些。如果离开了上述的具体条件，则教师就不可能对课的密度作出正确的分析。

（四）体育实践课的负荷

体育实践课的负荷包括生理负荷和心理负荷。它们是评价课的效果和质量的重要指标。

1.体育课的生理负荷

体育课的生理负荷是指学生在课中做练习时所承担的量与强度对机体的刺激程度，习惯上又称为运动负荷，它反映了在练习过程中学生机体的生理功能系列变化。在一次体育课中，构成生理负荷的因素有负荷量和负荷强度两方面，负荷量和负荷强度一般来说成反比关系。负荷量是指在一次课中完成有效练习的总时间、总次数、总重量、总距离，如 50 米全程跑三次、立定跳远五次。

负荷强度是指练习时对机体刺激的程度，或做练习时用力的大小或做练习时机体的紧张程度，如同一学生用 9 秒跑完 50 米与用十一秒跑完 50 米，显然，用 9 秒跑完 50 米的强度大。

（1）体育课运动负荷的安排

教师应根据学生身心特征和教学过程的规律，对于每次体育课的运动负荷进行合理安排，体育课的运动负荷一般应由小到大，逐渐加大，大、中、小强度的负荷合理交替。到课快结束时，教师应逐渐降低运动负荷，促使学生的机体较快地恢复到相对安静的状态。而从整个学期体育教学优化过程来考虑时，学期开始时几节课的运动负荷要适当小些，以后根据学生身体机能水平的提高，有节奏地逐渐加大。总之，体育课运动负荷的安排要遵循合理的运动负荷原则，应符合学生机体生理机能活动变化规律和机能适应性规律，有利于发展学生体能，增强体质，增进身心健康。在具体安排体育课的运动负荷时，应处理好如下四方面的问题：

第一，课的运动负荷的量与强度的安排，应符合学生的身心发育水平。

第二，根据课型和组织教学形式的要求安排运动负荷。

第三，要考虑教材内容的性质、难易程度、练习强度和气候环境等条件来安排运动负荷。

第四，要依照负荷强度大小，适当地安排间歇时间。

（2）体育课的运动负荷的调控

体育教师不仅要在课前认真备课，周密地设计安排课的运动负荷，而且还应懂得观察和分析课中学生运动负荷的变化情况，及时地采用合理措施进行调控，使课的运动负荷达到预定的要求，合理调控课的运动负荷可采用下列方法：

第一，改变练习的某些基本要素，如速度、速率、幅度等。

第二，改变练习的顺序和组合，安排合理间歇、练习与休息合理交替。

第三，改变练习内容的性质，如将原来的 30 米慢跑（加速跑）改为 30 米加速跑（慢跑）。

第四，改变练习的重复次数，即改变练习的密度，练习中不同的间歇时间产生不同的练习密度。

第五，改变练习的限制条件，如活动范围、器材的重量、附加条件等。

第六，改变课的组织教法和形式，如循环法、竞赛法或分组练习等。

第七，调整课中各项活动的时间比例，以调节运动负荷，如教师指导组织措施、学生观察与休息等。

（3）体育课运动负荷的测定与评价方法

目前测定评价运动负荷的方法很多，下面是常用的三种：

第一，自我感觉法。学生主要通过身体练习来完成学习任务，对自身的生理活动变化感受最深。自我感觉包括食欲、睡眠、对学习的兴趣以及练习后的主观感觉。

第二，观察法。一是观察学生做练习的表现，如通过完成动作的质量、控制身体的能力和做练习的积极性等方面来判断生理负荷是否合适。二是观察学生生理反应，如面色、出汗量、呼吸速度等来分析学生生理负荷的大小。

第三，生理测定法。它是测定和评价运动负荷的客观方法。此方法主要采用科学仪器的方法测量心率、血压、吸气量、呼吸频率、肺活量、吸氧量、尿蛋白、血成分（白细胞、红细胞、血小板）、体温、视觉、心电图、肌电图等生理、生化指标，来判断和分析运动负荷的大小。

上述有些测定过程较为复杂，操作水平要求较高，难以普及应用。所以，目前学校体育课的生理负荷是采用较为简易的手测定脉搏的方法来判断分析课的运动负荷，即心率测定法。

心率测定法是指一次课中按时间间隔多次测定学生的心率次数，以便掌握和分析课中心率变化的情况，判断分析运动负荷是否合理。心率测定由两人操作即可，一人摸脉搏，另一人记录。

（4）体育课运动负荷的评价

评价体育课的运动负荷的具体内容一般包括：

第一，每堂课的平均心率是否合理，是否有利于增进学生身心健康？

第二，心率曲线变化趋势是否有助于学生学习和掌握体育知识技能？

第三，课中练习前后心率的变化范围大小，以及休息间歇是否合理？

第四，课后心率恢复情况如何，学生反馈的信息如何？

第五，分析运动负荷上升的原因，提出改进的意见与方法。通过分析课的心率曲线变化规律，可知道各项活动的强度情况。课的心率曲线变化趋势过程一般有高峰偏后型、高峰偏前型、中峰型、双峰型、齿峰型等五种。

2. 体育课的心理负荷

（1）心理负荷的概念

在体育课上，学生不仅要承受一定的运动负荷，而且还要承受一定的心理负荷。体育课的心理负荷是指课中学生在心理上所承受各种刺激量与强度的程度。教师应根据课的教学目标和实际情况，合理安排课的心理负荷，并注意调节课中学生心理负荷的节奏，对实现教学目标及促进学生身心健康发展都具有重要的意义。

目前，主要以注意、情绪和意志三方面心理活动指标来综合评价体育课的心理负荷。在体育课中，学生的注意主要表现为对讲解、示范、学与练的注意的集中程度、稳定程度和转换程度。

情绪是指人认识客观事物时产生的态度、体验。它是心理活动的核心，在心理负荷评价中占主要地位。情绪不仅在很大程度上反映出课中学生的学习态度、兴趣、动机的强弱程度，而且还可在不同程度上影响注意的稳定性和意志的努力程度。例如，课中学生情绪活跃、关系融洽、有助于各项教学活动的顺利进行，则能达到预期效果；否则，反之。

意志是指学生根据自身确定目标，克服困难，努力实现的心理过程。意志是完成学习动作，承受运动负荷的保障。课中学生的意志表现为意志的自觉性、意志的坚持程度、意志的自控程度和意志的努力程度等，其中，意志的努力程度表现较突出，如注意紧张时、肌肉紧张时以及克服疲劳和控制厌恶消极等情绪的意志努力程度。

（2）体育课心理负荷的安排

在体育课上，学生的心理活动变化趋势一般表现为：注意的高峰一般出现在课的前区十五分钟处；情绪的高峰一般分别出现在课的前区四至十八分钟处和后区三十六至四十分钟处；意志的高峰一般出现在课中二十至三十分钟处。它与机体活动变化规律所出现的工作状态相一致。因此，在课上，教师应根据学生心理活动变化的规律，合理安排教学进程，使学生能承受适宜的心理负荷，具体操作时应注意如下要求：

第一，应根据心理负荷变化的趋势安排教学内容。

第二，使学生的情绪保持适宜的状态。

第三，注意练习与休息的合理交替。

第四，调控教学内容的难度和进度。

（3）体育课心理负荷的测定

心理负荷测定是对课中学生心理上承受各种刺激所产生变化程度进行描述的方法。体育课心理负荷测定方法包括：问卷法、图示反馈测定法、自我评估法、教育观察法等。目前，在体育课上，心理负荷测定常用的方法有教育观察法、学生自我评估法以及这两种方法的综合运用。

教育观察法是教师对课上，学生的心理特征、行为的表现进行观察、记录并参照心理负荷量表作出判断的方法。这种方法是通过文字等级转换成数值（分值），然后将所得分值与量表对照分析。学生自我评估法是指学生根据自身在课上所承受的心理负荷的感受和行为表现作出评价的一种测定方法。它是由测试人员预先制定有关课的心理负荷自我评估量表，在课上发给学生进行填答，回收进行统计整理；然后，将其结果与教育观察法得出的结果比较，进行综合分析。学生自我评估法的主要缺点是学生自我评估欠缺全面性和真实性，这涉及学生对自己行为的了解程度和态度。因此，教师采用此法时，应使学生掌握心理负荷的知识与规律，明确测试的目的，才能收到好的效果。

第二节　学校体育课堂的教学组织

一、体育课堂教学的含义

体育课堂教学组织关系着体育教学优化能否正常、有序地发展。良好的体育课堂组织管理是体育教学优化质量的保证，是体育教师专业工作的基本内容之一，同时也是体育教师教学能力的重要内容。

体育课堂教学是指在学校规定的一节课中，按照教学计划规定的内容，由专任教师和学生在规定的教学时间和地点进行体育教授和学习活动的过程。体育课堂教学概念包含三个规定因素：

第一，有规定的时间，即体育课堂教学是在规定的时间内进行的（通常每周是按一定间隔时间安排两次课）。

第二，有规定的内容，并由专任教师进行有目的、有计划的规范系统的教学。

第三，有规定的教学地点，区别于课外体育活动和学生自由的体育活动行为（通常是安排在各种体育场馆内进行的）。

二、体育课堂教学过程的组织

因为体育课基本上都是在室外进行的，所以，组织教学过程的目的就是要排除各种干扰激发学生兴趣，从而完成教学任务。只有合理而周密地组织教学，才可能使学生从心理和物质上做好充分准备，从而保证体育教学优化过程的顺利进行。因此，组织好教学是上好体育课的关键。

在教学过程中，教师、学生、教材三者通过复杂的相互作用使教学成为一个动态的统一过程。在这一过程中，教师采取一定的组织教学形式来完成一定的教学任务，从而实现教师的"教"和学生的"学"的目的。然而，教无定法，任何教学方法和组织形式都是根据一定的教学内容和教学对象的变化而变化的。

1. 根据体育课的特点组织教学

在体育教学优化中，教师组织体育课是通过身体的各种练习，使学生体力活动与思维活动紧密结合，掌握体育知识、技能和技巧以及室外上课的特点，行之有效地组织教学。

首先，教师要抓好体育课堂常规的组织教学。体育课堂常规是规范体育课的必要条件，教师必须严格认真，坚持不懈地抓好体育课堂常规教育。其次，教师要抓好体育课各阶段的组织教学。体育教学优化过程是由开始、准备、基本、结束四个部分组成的。四部分教学内容和学生情绪各不相同，因此，在教学中，教师要灵活地组织教学，充分调动学生的学习积极性，切忌出现先紧后松、虎头蛇尾的不良现象。

2. 根据教学内容特点组织教学

（1）相同教学内容的组织教学

在体育课上，同一教学内容在不同课时中重复练习的难度要求是不一致的，如一年级投掷内容，第一次课要求学生初步学会投掷方法；第二次课要求学生进一步掌握投掷技术等，之后每一次课对动作的难度要求都有所提高。对此，教师在教学中对同一教学内容如果每次都采用同样的组织教学方法，那么学生自然会感到枯燥无味而分散注意力。因此，教师要根据"动型"规律逐步提高动作难度，适当改变组织教学方法，激发学生的学习兴趣，如上面的投掷一例，随着课时的变化，教师可采用"打靶"一类趣味性游戏或竞赛等，达到激发学生兴趣的目的。

（2）不同教学内容的组织教学

小学体育包括田径、球类、技巧、武术、体操等多种教学内容，不同的教学内容有其不同的特性。教师在教学中要善于把握教学内容特点，挖掘教学内容潜力，将组织教学与教学内容特点有机结合，变学生被动接受为主动学习，从而充分发挥每个学生的主动性和创造性，提高教学成效，如田径教学内容的"跑"，教师可以充分利用跑的特点，运用竞赛、奔跑游戏等增加教学内容的趣味性。

3. 根据学生生理和心理特点组织教学

中小学学生的生理和心理特点主要表现为：有意注意时间短，兴奋过程和无意注意占优势，好奇、好动、好模仿、好竞争等。同时，在一节课中，学生的注意力、意志和情绪等心理活动的变化也是不同的。在教学中，教师要充分利用青少年儿童生理和心理特点组织教学，合理安排教学内容。学生的注意力在课的前半部达到高峰，意志力在课的中后部达到高峰，情绪则在课的后半部达到高峰，根据这一特点，教师在组织教学中应把新教材安排在课的前半部分，有利于学生对新教材的学习、理解和掌握；在课的后半部分则应安排一些竞争性、游戏性较强的内容，激发学生兴趣。同时，教师要做好主教材与辅助教材的搭配，尤其要抓住主教材与辅助教材的内在联系进行组织教学，以提高教学效果。

针对儿童生理和心理特点，在教学中，教师应灵活运用组织方法，组织教学要尽量体现出"新、奇、活"的原则，采用多种多样的、生动活泼的、使学生能够产生强烈兴趣和新鲜感的组织形式，以增强教学的吸引力，激发学生的学习兴趣和热情。

同时，教师在教学中要充分发挥"手势、眼神、语言"的作用，即用"手势指挥，眼神暗示，语言激励"等组织方法。"手势、眼神"是无声的语言，具有其他组织方法不可替代的作用，如当学生在教学中注意力分散时，教师用眼神暗示，就会集中学生的注意力。教师的语言激励要以表扬性、勉励性的语言为主，不断激发学生的学习兴趣。总之，教师在教学中要根据具体情况，灵活运用组织方法，保证教学过程的顺利进行，从而实现教学目的。

三、体育课堂教学的组织形式

体育课的教学组织形式主要包括两个部分：一是编班分组，二是分组教学。

（一）编班分组

目前，我国体育课常用的编班分组形式有三种。

1. 按自然行政班上课

可按原班男生与女生混合上课，多用于小学阶段或体育教师较少的中学里。

2. 按男女生分班上课

首先将同年级若干班级的男生和女生分别合起来，然后按编班容量分成男生班、女生班分别上课，多用于初中、高中和普通高校的体育课。

3. 按选项模块分班上课

可将具有相同兴趣和爱好的学生组成若干班，再以班为单位分别上体育课，多用于高中和普通高校的体育课。

（二）分组教学

分组教学是指把一个班分成若干小组，教师以小组进行指导的教学组织形式。这种教学既保留了班级教学的长处，又能在一定程度上解决区别对待的问题，即教师可以根据各小组的不同特点进行不同的指导。这种分组通常是以学号、身高等自然因素来进行的，也可将学生按照运动能力的原始成绩分成不同水平的小组，教师根据不同小组的实际水平进行教学。每组有指定的小组长，通常起着"小教师"的作用。近几年来，随着改革的不断深入，在体育课堂教学中涌现出了多种分组方式。分组教学需要两个步骤来完成：第一步，教学分组；第二步，分组教学。

1. 教学分组

（1）随机分组

随机分组就是按照某种特定的方法或标准，将学生随机分成若干小组。小组成员之间没有共性，小组间也没有明显差异。随机分组简单、迅速，具有一定的公平性。缺点是无法很好地做到差异化教学，无法考虑学生的兴趣爱好与体育需求，不能满足学生个性的发展及需要。

（2）同质分组

同质分组是指分组后同一个小组内的学生在体能和运动技能上大致相同。同质分组的方法在教学中经常自觉和不自觉地得到运用。例如，在田径的跨栏课教学中，教师常设置不同高度的栏架让学生有所选择，经过一段时间的练习，每个学生基本可以选择自己最适合的栏架高度进行练习，这时的分组形式即为同质分组。在篮球教学中，教师常常会将篮球技术水平相当的学生分在一起活动；在田径的短跑课教学中，学生总是要找与自己速度差不多的同学一起跑，这些都是典型的同质分组。

（3）异质分组

异质分组是指分组后同一小组内的学生在体能和运动技能方面均存在显著差异。异质分组不同于随机分组，是人为地将体能和运动技能水平不同的学生分成一组，或根据某种特别的需要对"异质"进行分组，从而缩小各小组之间的差距，以利于开展游戏和竞赛活动。例如，教师可根据需要测试学生某个项目的原始成绩，用蛇形排列的方式将学生平均、合理地分在各个小组中，此时形成的小组就是典型的异质分组。又如，在练习某一运动项目时，每个小组中男生和女生的比例相当，然后小组之间展开竞赛，这样的小组也是异质分组。同质和异质的含义可以从心理学角度、身体素质角度、学习程度角度、道德品质角度等不同视角来人为区分，从而选择有效的学习方式和方法。

2. 分组教学

分组教学是指根据课的教学目标和要求将全班学生分成若干小组分别进行练习，以实现教学目标的教学组织形式，一般可分为分组不轮换与分组轮换两种形式。

（1）分组不轮换

分组不轮换是指将学生分成若干小组，在教师统一指导下，各组按教材内容安排顺序，依次独立进行学习，完成教学目标，其优点和缺点与全班教学基本相同。场地器材条件充足的学校应多采用这种教学形式，以便提高练习效果，发展学生的体能。

（2）分组轮换

分组轮换是指将学生分成若干组，在教师的指导和小组长的协助下，各组分别学习不同性质的教材内容，按规定的时间轮换学习内容的教学组织形式。目前，中学、小学学校体育教学优化较多采用这种教学组织形式。这种形式的优点是在班级人数较多、场地器材不足的情况下，可以使学生获得较多的实际练习机会，提高练习的密度，培养学生独立学习的能力；有利于学生开展互帮互学，培养学生自学、自练、自评能力。其缺点是教师不易全面指导学生，不易合理安排教学顺序和灵活掌握教学时间，不能使各组的运动负荷达到逐步上升的要求。分组轮换一般可采用下面四种形式：

第一，两组一次等时轮换。在学生人数不多，新授内容比较困难，复习内容也比较复杂的情况下，教师可采用这种教学组织形式，即上课时一组学习新内容，另一组复习旧内容，如基本部分时间为三十二分钟，到十六分钟时两组轮换一次。

第二，两组一次不等时轮换。当新授教材难度大、复杂，需加强辅助练习或诱导练习时，教师可采用这种教学组织形式，如上课时基本部分为三十分钟，第一组学习新教材跳山羊（十七分钟），其中，前四分钟进行跳山羊的辅助练习（踏跳、推手），后十三分钟进行跳山羊练习。第二组复习旧内容双杠（十三分钟），该组到十三分钟时由教师讲解、示范所学新内容，并指导安排进行跳山羊辅助练习（四分钟），到十七分钟时第一组轮换学习复习双杠，第二组练习跳山羊，这种形式便于教师指导做辅助练习、诱导练习，保证学习主教材的时间和效果。

第三，三组两次等时轮换。在班级人数较多、器材较少、新内容相对简单或对复习内容较熟悉的情况下，以及考核前的复习课都可采用这种形式，教师可以将全班学生分为三组分别学习或复习不同的内容，到基本部分三分之一的时间时，三组依次轮换，到基本部分二分之三的时间时，三组再依次轮换一次，即每一组学习三个不同的教材内容。这种形式有利于提高练习的密度，发展体能、巩固学习效果，但教师难以同时照顾三个组的练习，对教师的组织管理水平要求较高，要求体育骨干能力强，学生守纪律、自觉性高。

第四，先合（分）组后分（合）组轮换。教师先将全班集中练习同一内容，然后分组练习不同的内容，并按时轮换。或反之，即课的内容有的不易分开练习，如武术、舞蹈、耐力跑，而有的不易集中练习时，如单杠、双杠等，可采用这种形式。

在具体选择上述各分组轮换的教学组织形式时，分组轮换教学需要注意的问题如下：

第一，在班级人数少、场地器材条件充足的情况下，尽量不采用分组轮换的形式。

第二，当采用分组轮换教学时，教师应重点指导学习新内容的小组，兼顾复习内容的小组。如果都是复习内容，则应重点照顾教材难度较大或带有危险性的内容，如铅球、铁饼、单双杠等。

第三，在安排内容顺序和生理负荷时，要先照顾体弱组、基础水平差组和女生组。

第四，重视体育骨干的培养和发挥他们的作用，协助教师做好分组教学组织和队伍调动工作，并要求全体学生遵守纪律，服从指挥，以便迅速、有序地进行轮换。

四、合作学习小组的建立

"合作学习"，即成立两人或两人以上的学习小组。建立合作小组属于合作学习的重要环节，如何组建这个小组对合作的效果起着至关重要的作用。在合作学习实施中，小组分得是否合理、得当与学习效率密切相关，这就要求体育教师在安排合作学习之前要深入了解自己的学生，提出一个科学、灵活的组建方案。首先，体育老师和班主任可以合作将全班学生依其性别、学业成绩、个性特点、家庭、社会背景、守纪状况等方面的合理差异组成"组内异质，组间同质"的合作学习小组。其次，教师可以用一节课时间进行学生原始成绩的测试，根据学生的原始成绩，"同质或异质"组建合作学习小组。

教师在组建合作小组时，应注意结构的合理性。一是小组人数要合理，一般以七至八人为宜。人数太多不利于学生间的交流和个人能力的充分展示，人数太少不利于学生间的互助。二是分组应按照学生的身体素质、学习能力、性格特点的差异进行，让不同素质、不同层次的学生进行组合。这样分组不但有利于学生间的相互促进，全班各小组之间也能展开公平的竞争。三是小组可以按活动任务的需要让学生进行自由组合，这样可以使学生有新鲜感，提高学生对合作学习的兴趣。

小组合作学习的教学策略有利于促进学生的主体性发展，要进行小组合作学习，必须转变教学观念，必须建立集体教学、小组合作学习与个别指导相结合的有利于发展学生主体性的教学组织形式。在体育教学优化中，进行小组合作学习，有利于建立学生间和师生间的良好人际合作交往关系，也有利于促进学生的主体性发展，提高运动技术水平，更好地体现体育教学优化的实效性。

第三节　学校体育课堂的教学管理

课堂教学是学校体育教学优化的核心环节，课堂教学过程得到优化，教学的质量也就会相应提高。任何一位体育教师，在课堂上都会有一些收获与不足。不管多么成功的教学课都存在一些需要改进的地方，为了使其趋于完善，就需要对体育教学优化过程进行优化，通常可以从以下三个方面入手：

一、建立体育课堂常规

体育与健康课堂教学常规是学校体育教学优化管理的一项重要工作，该项工作是保证体育教学优化工作正常进行的要求，对教师的教与学提出了一系列基本要求。规范体育与健康课堂常规，不仅有助于建立正常的教学秩序，严密课堂组织，而且对加强学生的思想品德教育，促进学生身心的健康发展都有十分重要的作用。

（一）课前常规

1. 教师课前的常规

（1）教师课前的准备和编写教案

教师课前应主动与班主任及体育干部交流，及时了解所上体育课班级的学生情况，并根据了解的情况认真备课，写好教案。

（2）场地、器械的准备和清洁卫生工作

教师应组织指导学生或亲自动手布置和检查场地，准备教具，一切工作应在课前准备就绪。

2. 学生课前的常规

学生在体育课前应充分休息，饮食适度。如果学生因病、伤、女生例假不能正常上课，则在课前由体育干部或学生自己主动向教师说明，教师应根据不同情况，分别妥善安排。

3. 师生共同准备

师生在检查和整理好自己的服装（运动服、运动鞋）后，应按规定要求，在课前几分钟到达规定的集合地点，等候上课。

（二）课中常规

1. 教师课中的常规

第一，教师待体育干部报告后，向学生宣布教学目标、内容要求等教学安排，并指出这节课易出现的安全问题，然后逐步按计划进入教学状态。

第二，教师按教案进行教学，无特殊情况，不得随意更改；要关心爱护所有学生，对学生进行适时鼓励，与学生共同创建和乐的教学气氛。

第三，注意安全卫生；检查学生执行规定的目标、要求等的情况，以求面向全体学生。

第四，当课结束时，进行小结和讲评，让学生及时知道课中的表现，提出课后学习的要求，预告下节课的内容，布置学生课后归还器械和场地整理工作，有始有终地完成一堂课的教学。

2.学生课中的常规

第一，学生准时按指定地点集合上课。上课铃响后，体育干部进行整队，向教师报告班级情况。

第二，学生在上课时，要专心听讲，仔细观看教师动作示范和启发引导，并积极思考，分析理解动作要领，有疑难问题及时提出，把大脑思维与动作练习有机地结合起来。

第三，学生须自觉遵守课堂纪律，爱护场地、器械，在教师的引导下，与教师共同努力完成各项目标。

第四，当一节课结束时，学生进行自我评价和对他人评价，并协助体育教师做好归还器械和场地整理工作。

（三）课后常规

第一，教师在每次课后，应及时进行教学反思，并做好书面总结，如总结经验、提出改进措施等。

第二，教师要检查布置学生课后归还器材等工作的执行情况，以保证下节课教学的正常进行。

第三，对缺课的学生，教师要做好书面考勤记录，并进一步地调查清楚，必要时给予其补课或课外辅导。

二、合作学习小组的管理

（一）合作学习小组的形式

1.自主结合

在体育教学优化中，许多练习内容可以让学生自主结合成为练习伙伴。由于学生平时都待在一起，彼此有较深的了解，感情融洽，在体育技能的练习中，他们会合作得很好（尤其是五年级和六年级的学生），可以互为指导者，互相切磋技艺，取长补短，彼此都能为对方较准确地完成动作而由衷地喝彩。自主结合在形式上虽与传统的分组教学相似，但在组成原则、方法和指导思想上则完全不同，它突出了学生性格的相似性、交流的接近性、帮助的互补性，使学生学习目标整合、志趣相投、心理相容、智能互补，社会交往动机得到较好的满足。当一方遇到困难时，另一方会真诚地鼓励其增强完成动作的信心。

2. 自主学习

体育教学优化过程是学生自主学习能力发展的过程，教师应以学生认识问题和解决问题的能力为出发点，培养学生的思考能力、观察能力和实践能力；在创设情境下，不断启发学生思维，找到发挥学生自主性的"引子"，让"管理约束性"的教学变为"启发、宽容、帮助性"的教学。

3. 自由选择练习手段

学生之间存在的差异，包括身体素质差异、生理差异、个性爱好差异及学习目的态度和方法上的差异等。教师在教学时，要根据教材内容有针对性地提出多种练习手段，由各合作学习小组群体讨论，结合本小组实际选用学生喜欢的、新颖的练习，可以多选多练；对于学生不喜欢的练习，可以少选、少练或不选、不练，达到学生自己选择练习手段的目的。

4. 自由支配练习时间和练习次数

这是在教师指导下的自由支配练习时间和练习次数。在体育教学优化过程中，课内练习时间和练习次数等内容的制定应具有灵活性，教师在教学中应把握抓大放小的原则，对于教材中一些基本的环节由教师把握住，对于一些小的环节教师可以让学生去尝试。例如，准备活动、徒手操等由体育委员或学生轮流担任领操员，教师提示练习时间和次数，领操员按要求一边发口令一边领操；根据天气的冷暖情况或教材的需要，教师提示练习内容，让学生按合作学习小组去安排练习；放松活动、小游戏活动也可如此。通过合作学习，学生可以获得自主练习的时间和空间，这样既培养了学生的操作能力，又让学生更具有时间观念。

5. 自由交往

学生在合作学习中，受社会交往动机驱使，学生之间的交往，老师应给予鼓励和引导。通过学生之间的交往，可以规范学生的行为，缩短心理距离，增强合作学习小组的凝聚力。

（二）合作小组管理的方法

1. 选择适当的合作时机

教师应根据教学内容、学生情况和教学条件等，选择适当的内容、时机和次数让学生进行合作学习。一般来说，对于较简单的学习内容，只需要开展全班教学，而对于较复杂、综合的学习内容，则可以采用小组合作学习方式。教师要根据教学内容的特点精心设计小组合作学习，为学生提供适当的、带有一定挑战性的学习任务。合作学习的任务可以是教师在教学的重点、难点处设计的任务，也可以是由学生主动提出的，但一节课中不宜安排过多的小组合作学习次数和时间，防止形式化。

2. 建立有序的合作规则

小组合作学习能使课堂气氛活跃起来，但也可能给维持教学秩序带来困难，很容易使课堂教学产生看似热闹实则混乱的局面。这就需要一套有序的合作规则，这套规则可以由全班学生一起制定，并通过强调和平常的要求形成习惯。

3. 营造良好的学习氛围

教师要为小组合作学习营造一个宽松、自由的学习氛围，采用多种形式鼓励学生积极地参与活动，让学生充分体会到合作学习的乐趣。同时，教师也要平等地参与到小组合作学习中去。

教师要为提供充足的合作学习时间。没有一定的时间，合作学习将会流于形式。因此，教师要给学生提供充分的练习、探究、讨论、交流的时间，让每个学生都有机会相互补充和更正，使不同层次学生的智慧都得到发挥。

4. 采用多样化的评价和奖励方式

教师除对小组学习结果要进行恰当的评价外，更要注重对学生的合作态度、合作方法、参与程度的评价，要更多地去关注学生的交流、协作情况，对表现突出的小组和个人应及时给予充分的肯定和奖励。

三、体育教学优化中的沟通技巧

（一）情感沟通

师生良好的情绪状态对课堂教学具有促进作用，而不良情绪则对课堂教学有极大的破坏作用。新课标所营造的和谐、平等与互动的育人环境有利于产生积极的正向情感，符合师生双方沟通的意向。

1. 积极的意愿与教师个人的态度调适

师生沟通必须双方都有积极的意愿，而处于教学主导地位的教师的个人态度调适，对双方沟通起着主要作用，其沟通技巧具体体现在以下三个方面：

（1）保持好的心情

拥有一个好心情走进课堂，教师会从中找到自己和学生的可取之处；试着每天提醒自己带着好心情来到学校，相信和谐、融洽、轻松的师生关系会感染大家，学生对体育运动会更加喜爱。

（2）给予爱与关怀

被爱与被关怀是每个人最基本的需求，对每个学生来说，他们都希望得到正向的爱与关怀。

（3）保持弹性，创造幽默

师生相处需要一些润滑剂，坚持立场容易让双方关系卡住，此时，教师如果能加入一些幽默的言语，则可缓解紧张的气氛，增进师生关系。

2. 对话与理解

新课标确立的以教师为主导、以学生为主体的平等、合作式的新型师生关系，强调的是教师与学生之间不能是教训与被教训、灌输与被灌输、征服与被征服的关系，而应是平等的、对话式的、充满爱心的双向交流关系。通过这个对话的过程，教师和学生要达到一种主体间的双向理解，教师不再是凌驾于学生之上的唯一权威，师生双方都是主体，双方一起探究世界、探究知识。

3. 与学生建立和谐的关系

良好的互动关系基础不应只是建立在正式的课堂教学中，虽说技能学习是体育教学优化的重要目的，但绝不是唯一目的。教师可以影响学生一辈子，但前提是教师与学生建立了良好的关系，且互动是以学生的感觉为基础，否则对学生的影响力就很有限。例如，教师往往喜欢那些运动成绩好的学生，或对自己教学有帮助的学生；学生往往钦佩示范动作优美、语言风趣或在某方面吸引自己的教师。因此，和谐关系所代表的意义，即学生信任、尊重教师，教师同样热爱学生。学生积极与教师合作，努力完成教师为他们所设定的教学目标，教学活动会更有趣。

（二）信息沟通

体育教学优化中的信息沟通是师生双方信息的交流和贯通。沟通的内容主要是课堂教学中关于教学、学习及其他与体育活动有关的信息。新课标实施的目的是体现"以人的发展为本"的课程改革理念，它提供了师生共同发展的平台。在师生平等相待的情境中，师生共同面对的就不仅仅是知识和教材，而是更为广泛的现实生活。因此，在师生双方对教学内容、体育知识、协作精神、行为观念及其他方面存在认知上的差异、误区时，需要进行信息沟通。

1. 传送与接收信息的技巧

有效的沟通在于聆听后能解读传送者所想要传达的信息。正确、清楚地传送信息的方法应该是：

第一，尽量使用易懂和亲善的语言及动作。

第二，少用主观判断，在适当情况下可做些让步，在许可范围内，给学生更多自我选择的空间。

第三，试着接受学生的观点，做个细心的听众，以诚挚的态度，仔细聆听学生所提的问题，适时地给予关怀。

第四，对学生及教师本身的感觉反应敏锐。

第五，使用有效的专注技巧，如目光接触、表情、手势等非口语行为。

第六，重视自己的感觉，注意传送者的非口语提示。

2. 对学生评价要前后一致

对待学生的评价是否前后一致是非常重要的。昨天可以接受学生的这类行为，到了今天，却因同样的行为而处罚学生，这样前后不一致的态度，会给学生一个错误的信息，通常被学生视为恶劣的行径，将会严重破坏师生间和谐的关系。因此，体育教师必须清楚学生哪些行为是可以被接受的，哪些行为是需要立即阻止的，然后进一步观察学生的实际表现。

3. 爱与平等

爱与平等就是教师要用爱心去对待每一个学生，尊重每一个学生的差异性、创造性、运动能力。随着新课标的运行，教师的角色要由知识的传授者和学生的管理者转变为学生发展的促进者、帮助者，要让学生真正成为学习的主人，成为个体发展的主人。而这所有的一切必须以"爱"为前提。教师要在学生中树立威信，但这种威信不是靠外在的管制和压迫，而是源于教师的人格、学识和智慧，从而受到学生的尊敬。

（三）意见沟通

新课标指导下的师生交往更加频繁，在课程建设中，学生有了更多的参与权。但是，由于年龄、性别、个性心理和认知及观念上的差异，在合作中就会存在意见分歧甚至产生冲突，当师生双方出现矛盾、进入误区时，就需要进行沟通。

1. 正视冲突

冲突发生于人际互动中，当人们的利益和观点不同时就会出现争执情形。冲突虽然会带来关系的威胁，但也提供了调整彼此关系的机会。在新课标指导下的体育教学优化实践要求教师应善于观察学生的运动心境和激情状态，观察和调整自己在与学生合作中彼此的语言（措辞）、非语言信息（包括肢体动作、音调）及情绪状态，实现顺畅的沟通。

2. 尊重对方

教师在面对师生冲突时，要相互尊重，不要与学生争得面红耳赤，更不要公开指责学生，强迫学生接受自己的观点。面对冲突，教师与学生需要的是一份彼此尊重差异的态度和教师寻找有利于学生成长的方法。

第八章　学校体育教学优化的评价

在学校体育教学优化的过程中，对体育教师教学情况和学生学习情况的教学评价具有重要作用。一方面，通过体育教学优化评价不仅可以对体育教师的"教"和学生的"学"作出准确、科学、客观的评价，帮助体育教师和学生提高自身的能力水平。另一方面，体育教学优化评价还可健全学校体育教学优化系统，不断完善学校体育教学优化体系，促进体育教学优化的发展进步。

第一节　体育教学优化评价概述

一、学校体育教学优化评价的概念

学校体育教学优化评价是指以学校体育教学优化目标和学校体育教学优化原则为依据，对体育的"教"与"学"的过程及其结果所进行的价值判断和量评工作。通常情况下，学校体育教学优化评价的概念主要包含以下三个方面的含义：

第一，学校体育教学优化评价是"依据学校体育教学优化目标和学校体育教学优化原则"进行的。也就是说，评判学校体育教学优化"是否获得了预先设定的成果""是否完成任务"的主要依据是学校体育教学优化目标；而评判教学"是否做得合理""是否合乎体育教学优化基本要求"的主要依据则是学校体育教学优化原则。

第二，学校体育教学优化评价的对象是体育教师和学生。它主要是指"教"与"学"的过程和结果。一是学校体育教学优化评价的首要对象是体育教师的"教"，评价的主要内容有两方面，即教师的教学水平和师德行为。二是由于学生是教学活动的主体。因此，包括学生的学习水平和品德行为在内的"学习"也是学校体育教学优化评价的重点对象。

第三，学校体育教学优化评价的主要工作内容是"价值判断和量评工作"。"价值判断"是定性的评价，其主要用于对教学方向的正误、教学方法的恰当与否等进行评价；"量评工作"是定量性的评价，主要用于对可以量化的学习效果进行评价。

二、学校体育教学优化评价的类型

在实际的教学实践中，学校体育教学优化评价的种类很多，一般来说，根据不同的分类标准可进行不同的分类，其常见类型主要有以下六种：

（一）相对评价和绝对评价

相对评价和绝对评价是根据教学评价的标准进行的分类。其中，相对评价是以被评价对象为集合，考虑该集合目前的实际状态，在确定了评价标准之后在这个集合之中进行个体之间的比较，它的评价标准的性质主要表现在集合体处于正态分布中的、一贯稳定的、个人之间的差异。而绝对评价主要是以被评价对象为集合，同时并不考虑该集合体的现状，使其同预定的目标对比，判断各个体与目标的差距。其评价是以集合体达到预定目标的程度为依据的，由此就测定每个人是否达到这些目标。

（二）教师评价和学生评价

教师和学生是教学活动的主要参与者，因此，可以相应地将学校体育教学优化评价分为对教师的评价和对学生的评价两种类型。这两种评价类型，既可以是这两大参与者之外的人员进行评价，也可以是这两大参与者互相进行评价。它们都对教学过程的性质和教学活动的结果进行了充分的体现。

（三）内部评价和外部评价

根据体育教学优化评价参与主体的不同，可将教学评价分为内部评价和外部评价两种。其中，学校内部评价的参与主体包括：学生和教师、教师的同事和学校领导；外部评价的参与主体包括：家长、社会与学校有关方面的人员等。具体来说，内部评价的形式主要有：由师生双方进行的自我评价，学生对教师或教师对学生作出的评价，同事评价和学校领导评价；外部评价的形式主要有：家长评价和其他局外人（如上级领导、用人单位等）作出的有关教学的评价。

（四）主观评价和客观评价

主观评价和客观评价主要是根据体育教学优化评价运用方式的不同进行分类。其中，前者是评价者通过听课、谈话，以主观体验方式进行的；后者则是以通过客观的测量和测验收集资料方式进行的。

（五）单项评价和综合评价

单项评价和综合评价主要是根据体育教学优化评价所涉及评价对象数量的多少进行的分类。其中，单项评价是指对体育教学优化活动的某个侧面进行评价，比较具有代表性的有：对学生学业成绩的评价、教师教法的评价。综合评价是指对某一学校整个体育教学优化活动进行完整的、系统的评价。这两种评价类型的关系十分密切，换句话说，它们指的就是局部和整体的关系，单项评价是综合评价的基础，综合评价会对单项评价产生一定的影响。

（六）诊断性评价、形成性评价和终结性评价

诊断性评价、形成性评价和终结性评价主要是根据学校体育教学优化评价的作用和特征进行的分类。此三种评价类型在主要目的和作用上存在一定的差异，具体如表 7 –1 所示。

表 7 –1　诊断性评价、形成性评价和终结性评价的目的和作用

类型	主要目的	主要作用
诊断性评价	通过了解学生的准备状态，以便更好地编班分组，妥当地安排体育教学计划	通过专门的"摸底"测验，在教学活动开始前或开始时进行
形成性评价	通过对仍在发展和进行价值上的判断，探究教学中所存在的问题或缺陷，以便形成适合于教学对象的教学方法或教学手段	既是向学生提供学习上的反馈来激励和改进学生的学习，又是对教师进行评价，以改进教师后续的教学工作
终结性评价	为作出各种决定或决策提供资料或依据	对已经完成的教学加以价值判断

三、体育教学优化评价的目的与原则

（一）体育教学优化评价的目的

在学校体育教学优化中，通过教学评价可以为体育教学优化经验的总结、体育教学优化问题的研究以及体育教学优化改革的开展提供宝贵的反馈信息，其目的是不断提高体育教学优化的质量、效益以及学生的体育素质，具体表现在以下四个方面：

1. 提高体育教师的教学水平

体育教学优化评价的重要目的之一便是提高体育教师的教学水平。进行积极有效的体育教学优化评价，可以帮助体育教师改进教学水平，并及时发现在教学过程中存在的一些问题，从而使其能够及时调整教学计划，顺利地完成教学任务，达成教学目标。

2. 激发学生的体育学习兴趣

体育教学优化评价可以有效地激励学生对体育学习的兴趣。在学校体育教学优化过程中，学生可以通过实时的评价，对自身的情况进行科学、全面的了解，认清自己的优点和缺点，及时找到改善问题的方法和途径。这些都对激发学生体育学习欲望和积极性有着很好的帮助，而且学生还可以由此对自己的体育学习方法有计划地进行调整，从而不断提高自身的体育成绩和体育素养。

3. 不断完善体育教学优化管理

通过体育教学优化评价可以为学校体育教学优化提供更加完善的体育学习环境（物质、人际环境和文化方面）、体育组织形式（团队、班组等体育组织）和体育管理方式（奖惩等）。

4. 增进体育教学优化科研水平

进行体育教学优化评价，可以为学校的体育研究者提供科学的研究数据和相关信息。这些对体育教材、体育学科课程、体育教学优化方法、体育教学优化技术、体育教具和体育教学优化目标等方面进行整体或局部的开发研究具有重要的意义。

（二）体育教学优化评价的原则

1. 全面性原则

学校体育教学优化评价要想取得预想效果就必须坚持全面性原则。在对体育教学优化进行评价时，由于体育教学优化系统具有复杂性和多样化的特点，使得体育教学优化质量成为一个由多因素组成的综合体。也就是说，体育教学优化活动的多方面组成因素都是其需要进行评价的对象，这就需要评价者对其进行多角度、全方位的评价，以免出现片面或遗漏现象。同时，评价者还要分清主次，认真分析决定体育教学优化质量的主要环节和主导因素，并将定量评价和定性评价有机结合起来，使其相互参照，以求全面准确地评价客体的实际效果。

2. 科学性原则

科学性原则是指在体育教学优化评价的过程中，必须以客观规律为依据，科学化的选择评价方法、标准和程序，从而使体育教学优化评价的结果拥有实际意义。这一原则同时要求体育教师要避免经验式和直觉式的教学评价，一切结果都要有科学化的依据。只有科学、合理的评价才能使体育教学优化发挥指导作用。而且，体育教学优化评价的科学性不仅指评价目标、标准的科学化，还指评价方法和程序的科学化。在学校体育教学优化评价过程中，贯彻科学性原则必须做到以下三点：

第一，要以教与学相统一的角度为出发点，以体育教学优化目标体系为依据，制定统一、合理的评价标准。

第二，要通过先进的统计方法和测量手段获得相关数据，并对所获得的各种资料和数据进行严谨的分析和处理。

第三，要将编制的评价工具进行认真的预试、修订和筛选，在达到一定的指标后再进行实践运用。

3. 可行性原则

可行性原则是指学校体育教学优化评价的设计和组织是切实可行的，各项指标是现实条件能基本达到的。贯彻可行性原则需要注意以下三点：

第一，设计简便易行的体育教育评价方案。

第二，评价项目的数量和等级设置要合理，不能过于繁杂。

第三，评价指标的确定要反映体育教学优化的客观规律。

4. 客观性原则

客观性原则是指在进行学校体育教学优化评价时，评价者在标准和方法、信息获取渠道、自身态度和最终评价结果几方面，都要与学校体育教学优化的客观实际相符合，要尽可能地做到客观、公正、准确。如果评价缺乏客观性则是毫无意义的，甚至还会对教学活动的进行起到相反的作用。因此，贯彻客观性原则时，要注意以下三个方面的问题：

第一，切忌随意性，要使评价标准的客观性得到保证。

第二，要求所选用的评价方法要客观。

第三，所持的评价态度要客观。

5. 指导性原则

进行体育教学优化评价的主要目的是得出评价结果，给予被评价人员科学的指导，促进其自身能力的发展。可以说，体育教学优化的评价过程就是被评价者认识自身存在的问题的过程。这就需要被评价者从不同角度认真分析评价结果，找出问题产生的原因，并通过信息反馈，使被评价者明确今后努力的方向。在学校体育教学优化评价过程中，贯彻指导性原则需要注意以下三点：

第一，评价要全面、客观，且具有科学根据，不能随意评价或表态。

第二，要及时进行反馈，指导明确，切忌含糊其辞和耽误时机，使人无所适从。

第三，给予的指导要具有启发性，要为被评价者留下思考和发挥的空间。

6. 一致性原则

一致性原则主要是指用来进行体育教学优化评价的标准。因为学校体育教学优化评价是分层次、分项目进行的，所以，为了更具有科学性的比较、区分评价对象之间的差别，从而更好地改进体育教学优化工作，就必须采用同样的标准。虽然不同的学校和项目有不同的评价标准，但在执行时仍然必须坚持一致性；要用统一的标准进行测评，不能因为学校的场地设备、师资水平和学生基础的不同而降低或改变标准，否则就失去了对体育教学优化评价的意义。

四、学校体育教学优化评价的功能

学校体育教学优化评价的功能主要表现在三个方面，即激励导向功能、信息反馈功能以及考察、鉴定功能，具体如下：

（一）激励导向功能

在心理学中，激励指的是对个体积极性、主动性和创造性的激发、鼓励和调动。激励导向功能与个体的需求和动机有着紧密的联系。在体育教学优化活动中，不管是体育教师还是学生，他们在进行自我评价时，都会对内部动机产生一些激励作用。而在面对他人评价时，特别是肯定性的公正评价，通常可以提高体育教师和学生的积极性、主动性。不正确、不合理的否定性评价则会影响被评价对象的积极性。需要指出的是，有时一些否定性的评价会激起被评价者的斗志，从而对其发展起到很好的促进作用。因此，评价必须照顾到评价对象的个性特征，以产生积极的教育作用，并强化评价对象积极向上地发展。

（二）信息反馈功能

一般来说，在进行学校体育教学优化评价的过程中，体育教师和学生可以从中获得很多的信息，如量的大小、质的优劣、效果的好差、效率的高低等。而通过这些反馈出来的信息，体育教师可以有效对教学程序进行协调，并调整教学方法，提高体育教学优化的效果。同时，这些信息也能为体育教师作出正确决策，把握改革的大方向，提供信息基础。对学生来说，则可以根据这些反馈出的信息，对自己学习过程进行反思，发现问题，并及时进行改进。

（三）考察、鉴定功能

在学校体育教学优化中，一般来说，教学评价的考察、鉴定功能主要体现在以下三个方面：

第一，对教学质量和水平、优点、缺点和问题进行考察、鉴定。

第二，对学生的学习能力、学业状况和发展水平进行判定、鉴别。

第三，为管理者制定有关决策提供依据。

由此可以看出，教学评价的考察和鉴定功能意义重大。

第二节 学校体育教学优化评价的内容

一、学校体育教师的教学评价

体育教师教学评价是体育教师以客观标准为依据，通过测量教学活动中的相关数据，采集相关资料，并与教学目标进行对照的科学判定过程。一般来说，体育教师的教学评价过程，可以通过体育教学优化目标想要达到的程度来进行认识。一方面，它可通过对教学活动所产生的效果进行判断，这是事实的判断。另一方面，它还可以对教学目标的实现程度进行判断。因此，从某种角度来说，体育教学优化评价的本质是对体育教学优化活动及其效果的评价判断。具体来说，体育教师教学评价的内容主要包括以下两个方面：

（一）对体育教师教学能力的评价

体育教师作为体育教学优化活动的主导者，其自身的教学素质和专业能力的高低，对学生的健康发展具有直接影响。因此，对体育教师教学能力的评价具有重要的现实意义。一般来说，体育教师的教学能力与其专业素质密切相关，因此这一评价主要针对体育教师的专业素质，如政治素质、能力结构素质、知识结构素质、身心素质和教师自身发展的素质等。

1. 政治素质评价

政治素质是体育教师的一项基本素质。政治素质评价是素质评价中不可或缺的一个环节，其内容主要包括思想道德修养、工作态度、教书育人、遵纪守法、参与民主管理、为人师表、良好的行为习惯等方面。

2. 能力结构素质评价

简单来说，体育教师需具备的能力除了自身的专业知识技术水平，还有良好的道德品质和心理素质，以及与学生的沟通能力。通常而言，理想的能力结构，既可使体育教师较好地运用已具备的知识、技能，有效地进行教学、科研工作，又可使体育教师根据现代科学技术和社会生产的发展趋势，不断地获取新知识和调整自己的知识结构，使自己的知识结构保持最佳状态，从而适应学校体育教学优化和科研发展的需要。具体来说，学校体育教师的能力素质主要包括以下六个方面：

（1）表达能力

这方面的能力包括体育教师使用规范标准的专业语言，应对学生产生感染力等。

（2）对学生的教育管理能力

包括组织课堂教学、处理和协调师生之间的关系等。

（3）体育资源的开发和运用能力

这方面的能力对体育器材的改造和创新、体育场馆的充分利用等。

（4）研究能力

这是学校体育教师必须具备的一个很重要的能力。它一方面表现在体育教师对体育教学优化、教育规律和方法的研究上；另一方面表现在对体育这一学科领域和相关学科领域的探索、研究上。

（5）体育教学优化和工作能力

这方面的能力是指体育教师进行教学和组织教学的能力。例如，制定教学计划、选择教学目标与教学内容、安排和组织教材、理解与挖掘教学内容、运用教学方法和现代教学技术手段，以及体育教学优化的设计、讲解、示范、组织教学与观察等技能。

（6）适应能力

这方面的能力是指体育教师不断调整自己的知识结构和能力结构，以适应科学技术、经济和社会发展需要的一种综合性能力。它主要体现在以下三个方面：一是适应专业结构的调整与改革。二是适应科研结构的调整与改善。三是适应教育思想、教学方式的变革。

3. 知识结构素质评价

在学校体育教育中，体育教师的知识结构素质是形成其教育能力和科研能力的基础。通常情况下，体育教师的知识结构素质是否丰富会对体育教学优化质量产生直接的影响。根据体育教师的任务、工作特点和当代社会对体育教师的要求，当代体育教师应当具备的知识主要由以下三个层次构成：

一是体育学科丰富的基础理论和较深的专业知识。

二是与体育学科相关学科的基础知识。

三是体育教育科学理论与技能知识。

除以上三个层次的知识外，体育教师还应具备外语知识、计算机和现代化教育技术应用知识，以及一定的文学艺术素养等。

一般来说，对体育教师的知识结构素质评价的内容主要包括：体育教师是否具备全面系统的体育专业知识，并对相关学科的基本常识有所了解；体育教师是否系统地掌握教育学与心理学的基本原理和方法，并对教育规律与学生身心发展的规律有充分了解；体育教师是否能够将理论与实践进行有机地结合，以达到预期的教学目标。

4. 身心素质评价

体育教师身心素质的评价具有重要意义，具体表现在以下两个方面：

第一，体育教师的身体素质是进行体育教学优化工作的基本条件，不仅包括体育教师的运动能力，同时还包括体育教师在体育专项技术领域的能力。体育教师身体素质的好坏对学生的体育学习能够产生直接的影响。

第二，个性品质作为体育教师心理素质的重要体现，对学生的个性发展具有重要影响。在体育教学优化中，体育教师教学成效的好坏与其个性品质的受欢迎程度有很大关系。换句话说，学生喜不喜欢教师，直接影响着教师的教学效果。通常情况下，体育教师的心理素质评价内容主要包括：细致的观察力、敏锐的洞察力，以及对学生潜力的开发能力；思维必须缜密、敏捷，才能把有严密逻辑的体育知识体系传授给学生；品质坚毅，能够克服教学过程中出现的各种困难和问题；情感丰富，要以积极、乐观的心态教育学生，感染学生；和善待人，能够控制自己的情绪，不轻易向学生发火。

5. 体育教师自身发展的素质的评价

一般来说，体育教师自身发展的素质主要包括：对新运动教学理论、技术、教学方法等方面的接受能力，通过不断地学习和训练，努力提高自身的教学能力。此外，体育教师自身发展的素质还应包括体育教师的教学发展潜能、自觉寻求发展的能力、自学提高的能力，以及教学研究与教学改革的能力等。

（二）对体育教师教学工作的评价

在体育教学优化过程中，体育教师的教学工作所涉及的方方面面都是体育教师能力的体现，因此，对体育教师教学工作的评价可以全面衡量体育教师的工作状态。它通常可分为体育教学优化工作量评价和体育教学优化成绩评价两种。体育教师的教学工作量包括备课、上课、课外活动辅导等。体育教师教学工作成绩的评价包括体育课堂教学质量、体育教学优化改革成果、体育教学优化经验总结或体育教学优化研究论文、学生学习质量（考核成绩的及格率、优秀率、平均成绩）等几个方面。体育课在体育教学优化中占有非常重要的地位，不仅是体育教学优化的基本形式，而且也是体育教学优化工作的中心环节。体育课的好坏是提高体育教学优化质量的核心问题。体育课堂教学是检查、总结和指导体育教学优化的先决条件和重要依据，是加强体育教学优化管理、调动体育教师积极性、提高体育教学优化质量的一项有效措施，因此，也成为学校体育教学优化评价的重点。一般来说，对体育教师课堂教学的评价主要是指对教师教学过程和教学效果进行评价，具体从以下六个方面入手：

1.贯彻课程标准的评价

这一评价主要是对体育教师在课堂教学中是否紧紧围绕学习目标进行，教学是否符合课程标准的要求，教学是否完成了课程标准所规定的教学任务和教学内容等方面进行的评价。

2.教学技能评价

这一评价主要是对体育教师讲解评议是否准确、规范、简洁，运用专业术语和口语是否正确，动作示范是否正确、优美，处理课堂突发事件是否冷静、机智、沉着等方面进行的评价。

3.教学内容评价

这一评价主要是对体育教师教学内容各方面安排情况的评价，包含了一切与教学内容相关的事物，如教学内容的安排是否紧扣学习目标，是否包含了思想品德教育，是否达到科学性和思想性的统一，课程中是否科学地安排运动负荷，以及教学组织是否合理等。

4. 教学方法和手段评价

这一评价主要是对体育教师能否依据体育教学优化的具体任务与内容特点，有针对性地选择体育教学优化方法；教学方法有没有启发性，是不是有利于培养学生分析问题、解决问题的能力，以及培养学生独立思考和创新精神；所选择的体育教学优化方法是不是符合学生的身心特点，是不是有利于培养学生的学习兴趣和端正学生的学习动机；教学手段的运用是不是增强了教学的直观性，并且是不是有助于提高学生的学习效率等方面进行的评价。

5. 教育教学思想评价

这一评价主要是看教师在体育教学优化过程中是否能够以教书育人为原则，坚持"健康第一"与"终身体育"的指导思想，并且还是对教师自身的改革创新精神和所采用的教学方法是否有助于促进学生的全面发展等方面进行的评价。

6. 教学效果评价

这一评价主要是对教师能否较好地完成教学任务；能否激发学生的运动兴趣，促进学生体育活动习惯的养成；能否帮助学生完成学习目标，掌握教学内容；能否培养学生勇敢、顽强、竞争与合作的心理品质等方面进行的评价。体育教师课堂教学评价的指标、等级，及其评价内容和评价标准。

二、学校学生学习的质量评价

（一）对学生学力的评价

所谓学力，是指学生获得行为的能力、才能或行为的倾向，即学生学习的能力。对学生的学力进行评价，其目的是调查、了解学生的体育学习能力状况和个别差异，为完成既定的体育教育、教学目标提供可靠的信息资料，为培养学生体育能力服务。

（二）对学生知识技能的评价

由于学生在不同阶段具有不同的发展水平，使得在对学生体育成绩的评定内容上也存在一定的差异，如在不同阶段，学生对体育与健康的重要性、价值的认识是不同的，对体育与健康的相关知识的实践运用情况也存在较大差异，同时对掌握体育课学习目标要求的运动技能与实践运用情况也不相同。因此，在对学生的知识技能进行评价时，必须考虑学生个体的差异，通过综合评价的方式来对学生的知识技能进行准确的评价。

（三）对学生身体素质的评价

学校体育教学优化的重要目标是发展学生的身体素质、促进其身体健康，这也是体育课程教学的一个重要学习内容。而在对学生学习质量评价中，学生身体素质发展的评价尤为重要，其评价结果可对学生学习质量的总体评价结果产生直接影响。随着体育教育的不断发展，目前对学生身体素质的评价更加注重与健康的关系，如心肺耐力、肌肉力量、肌肉耐力、柔韧性、身体成分等。不同学段学生的体能评价可根据其各自水平的体能发展目标和内容框架进行评价。

（四）对学生体育学习态度的评价

目前，随着体育教育对终身体育思想的日益重视，体育课程教学除了传授学生体育知识和技能，还能帮助学生认识正确的体育学习观。让学生养成积极、正确的体育态度也成为体育课程教学的重要内容和目标。在这一背景下，学生对待体育课程学习的态度也成为对体育教学优化评价的重要内容。一般来说，对学生体育学习态度的评价指标主要有以下四点：

第一，能否主动、自觉地参与体育活动。

第二，能否积极、主动地思考，为达到目标而反复练习。

第三，在体育活动过程中，能否全身心地投入。

第四，能否认真接受体育教师的指导。

（五）对学生学习情感与合作精神的评价

在体育教学优化目标中，一直将如何提高学生的学习情感与合作精神作为对学生进行评价的一个重要内容。在体育课程学习中，对学生的学习情感与合作精神的评价主要包括以下五点：

第一，学生在学习、练习时的态度和行为表现。

第二，在体育学习中，学生在情绪、自信心和意志等方面的表现，是否具有团结协作精神，以及与他人相处、交往的状态。

第三，学生是否能够克服在学习过程中所遇到的问题和心理障碍，养成积极、乐观的生活态度。

第四，学生是否懂得运用合理的方式、方法来发泄或调解自己的情绪。

第五，学生是否能够正确处理好竞争与合作的关系。

第三节　学校体育教学优化评价的组织

一、学校体育教学优化评价

体育教学优化评价是指为完成体育教学优化评价任务、实现评价目的，选拔一定数量的评价人员，组成结构合理、权责分明、精干有效的评价机构。

在进行体育教学优化评价时，对于评价人员的选择是非常重要的，评价人员工作质量的好坏直接决定着体育教学优化评价的质量。因此，在选择评价人员时应进行慎重的考虑。一般情况下，评价人员需要具备以下条件：与体育教学优化评价内容有关的知识水平和专业背景；正直、公平、原则性强、仔细认真、尊重他人等优良品质；扎实的评价理论基础知识和丰富的评价工作经验，熟悉体育教学优化工作，知识面广。

作为协调评价者、评价对象及各种评价活动之间关系的组织，体育教学优化评价组织通常可以具有不同的性质和规模。但都包括常设性机构、临时性机构和弹性机构等几种形式。其中，常设性评价机构最具权威性，也最稳定，一般负责全部评价工作的组织领导；临时性评价机构，顾名思义就是临时成立的，是根据具体情况的需要而召集专业人员临时组建的，具有灵活性和非连续性的特点；弹性评价机构是由常设人员为核心成员，再根据不同的任务和对象聘请有关部门代表共同组成机构，可随时调整，变动性强，因此，其既有权威性，又具有灵活、机动的特点。

二、学校体育教学优化评价的实施

通常情况下，学校体育教学优化评价的实施主要包括以下五个步骤：

（一）确定目的

学校体育教学优化评价要解决的首要问题是为什么要进行评价的问题。一般来说，评价目的不同，评价的组织形式、内容和方法也不同。例如：在评选优质体育课时，要采用终结性评价，强调评价的鉴定性、区分性、甄别性，对体育教师的自身品质修养、专业技术水平、教学理论与方法运用，以及教学效果等方面进行全面的评价，因而，就要运用多种评价方法，如听课、与体育教师交谈、向学生发问卷等，强调的是评价的诊断性和改进性。

（二）成立机构

在成立体育教学优化评价小组或机构时，要遵循"具体方法，具体实施"的原则，根据不同的情况成立不同规模和性质的机构。它可以是临时的，也可以具有长期的连续性和稳定性，但无论成立什么样的机构都必须具有权威性。评价机构或小组一般由专家和分管领导组成，其负责全部评价工作的组织领导。

（三）制定标准和指标体系

体育教学优化的评价范围广泛，因此，在明确体育教学优化评价的目的之后，评价者就要考虑评价内容。换句话说，就是将体育教学优化评价的目标进行具体化分析，使其分解成多层次的具体目标体系。这就要求评价者要认真研究评价指标，尽量通过试评获取实例或典型，以统一尺度，制定合理的体育教学优化评价标准和指标体系，具体包括以下两个步骤：

第一步，确定一级指标，然后将一级指标分解成二级指标。

第二步，将二级指标分解成三级指标，以此类推，来构成合理的体育教学优化评价指标体系。

需要指出的，在设置每一个上级指标时都要包括一个下级指标群，这主要是因为每一个下级指标都是其上级指标的具体化。

（四）收集信息

收集信息是学校体育教学优化评价实施阶段的重要环节。获取信息的质量（可靠性和有效性）取决于收集信息的方法和过程，获取收集信息的方法主要有观察法、访谈法、问卷法、文献资料法、测验法等。

（五）判断结果

在资料收集完成后，评价者就应对其进行加工、处理，从而为评价结果提供必要依据。这也是对评价结果做出正确、科学判断的有效依据。体育教学优化评价的目的不仅是做出评价结论，而且是激励评价对象不断提高自身的能力和体育教学优化质量，因此，评价结论不仅要对评价对象的各方面素质进行综合判断，而且还应指出其在教学过程中存在的优点和问题，分析原因并提供改进办法和措施。具体来说，对评价结果的处理主要包括以下四个方面：

1. 反馈评价结论、意见或建议

通常情况下，在进行这项处理时需要双方面对面交流，以免出现纰漏或问题。同时，在评价结束后，评价者应定期对评价对象进行回访，以保证改进措施的落实。

2. 对评价活动本身的质量进行评价

对评价活动本身的质量进行评价的目的是为总结评价的经验教训、修改评价方案提供依据。

3. 撰写评价报告

评价报告是指对本次评价过程与结果的总结，以书面的形式呈现。具体而言，评价报告主要包括：评价目的、评价组织、机构及评价人员构成；制定评价方案的指导思想及主要依据；评价实施过程，包括评价时间安排、评价准备阶段的工作与效果、实施阶段信息搜集的情况；评价结果，要分述各项指标的评价结果，再写综合性结论；评价对象对评价的意见；本次体育教学优化评价的总结。评价者向有关部门与人员反馈评价结果，建立评价档案，把评价资料分类归档。

4. 在实施评价过程中及时修正

再完善的方案也无法全部规划体育教学优化评价的行为，因此，在体育教学优化评价的过程中，评价者要尽量减少评价活动本身的误差。通常，在控制误差时，应注意以下四个方面的问题：

第一，充分依据评价队伍的集体力量来保证队伍的规范化，评价者之间要有相互制约的机制，从而减少或避免评价者随意行为的出现。

第二，要尽可能提高测评工具的有效性。

第三，要多渠道、多侧面地收集评价资料，确保资料的代表性、真实性。

第四，控制评价对象可以控制的要素，使之真实、全面地反映其真实情况。

第四节 学校体育教学优化评价的发展

一、学校体育教学优化评价的现状

随着我国学校教育事业的快速发展，学校体育教育事业发生了很大的变化，不仅在教育形式上实现了大胆创新，而且还在教学项目、教学理论和教学评价等各方面都有了很大的突破。学校体育教育事业迎来了一个全新的发展机遇。总的来看，学校体育教学优化评价的发展现状主要表现在以下五个方面：

（一）评价主体的参与现状

目前，随着开放性教育的不断发展，体育教学优化评价已经不只是教师与学生之间的活动，而是有越来越多的人员参与到学校体育教学优化中来，专家、领导、家长等教育以外的人员也成为体育教学优化评价的主体参与者。这就使体育教学优化评价实现了多元化的信息反馈。但在这种多元化的评价过程中，还是会由于个体素质、价值取向等各方面的原因，导致学校体育教学优化评价出现不同。

（二）评价的过程结构现状

在学校体育教学优化评价中，随着对体育教学优化过程的日益重视，从而逐渐建立起由"预备性评价""形成性评价"和"终结性评价"组成的"三段一体"的全程性体育教学优化评价体系。作为一种全新的评价体系，它可以使学校体育教学优化评价的诊断、改进、调节和强化功能得到充分的发挥。

（三）评价方法的现状

目前，学校体育教学优化评价早已摆脱了只关注体育教学优化结果的单一性评价方法，实现了过程评价法、结果评价法、自我评价法、心理评价法和他人评价法等各种评价方法的结合，以及定性评价和定量评价的融合；在实现体能、技能等数据评价的同时，也实现实践能力、创新能力等描述性评价。直观和抽象的特点使体育教学优化评价成为一个复杂的价值判断活动。这也使得体育教学优化评价方法变得多元化。因此，当今体育教学优化评价方法的运用，对评价者的要求也越来越高。

（四）评价的管理现状

学校体育教学优化质量的好坏将对体育教学优化产生直接的影响，而体育教学优化评价作为提高教学质量的重要手段，得到了学校的日益重视。通过体育教学优化评价，学校可对教学质量进行有效地管理和监督。目前，很多学校的体育教学优化管理部门在建立教学质量管理体系时，都已经将教师的教学评价和学生的学习成绩评价纳入其中，实现了体育教学优化的科学化管理。

（五）评价的研究现状

随着学校体育教学优化的不断发展，对体育教学优化评价方法的研究越来越深入，这主要体现在体育教学优化评价方案的开发上。目前，研究人员将设计出科学、合理、简洁、操作性强的评价方案作为研究的重点，同时也对体育教学优化评价的方法和标准进行了较为深入的研究，目的就是找到一种可以准确、客观评价出教师、学生能力的科学评定工具。而学生的学习态度与心理行为之间关系的测评方法等一批新的研究课题得到了广大学者的关注。

二、体育教学优化评价的发展对策

（一）不断发展和完善体育教学优化评价的体系

1. 保持评价主体的多维性

随着学校体育教学优化制度的改革，体育教学优化评价的主体发生较大改变，从之前的教师与学生，逐渐发展为目前的多元化结构，即教师、学生、家长、校方和社会团体等。评价者在进行体育教学优化评价时必须保持评价主体的多维性，这是保证评价结果全面性和准确性的必要条件。

2. 注重评价客体的多维性

在学校体育教学优化评价时，由于个体存在差异性，使得被评价的对象之间存在一定差异，这就很难通过统一的评价标准来进行衡量。此情况长期发展下去，必然对学生的体育学习兴趣造成不良后果。因此，学校在进行体育教学优化评价时，一定要注意评价客体的多维性。这就要求，在进行体育教学优化评价前，评价者应对评价对象的具体情况进行分析，并以此为依据进行分组评定，从而实现体育教学优化评价的公平性，也使每一个参加体育教学优化评价的个体获得成就感，提高其参加体育学习的积极性。

（二）建立多元化的体育教学优化评价模式

实现现代体育教学优化评价的全面性、科学性和真实性的关键是建立起人性化、多元化的评价模式。例如，采用"教师评价＋学生自身评价＋家长评价"的模式，并将肯定性的语言描述与过去的打分制相结合，对形成性评价方式给予更多的关注，实现与被评价者的交流和人性化、多元化的发展。

（三）建立健全体育教学优化评价的反馈机制和保障机制

获得评价信息的关键方法和唯一途径是反馈，健全的体育教学优化评价反馈机制是评价活动有效开展的关键性条件。信息论的观点认为，信息是一个系统实现有效控制的基础，而反馈则是评价主体获取信息的途径，所以，体育教学优化评价反馈机制是否健全，直接影响着体育教学优化评价系统是否能够得到有效控制。为此，建立多条反馈渠道是保证体育教学优化评价主体能够及时收集到有效评价信息的关键。例如，学生评价反馈渠道、家长评价反馈渠道；丰富评价反馈的内容，如在反馈的同时附上评价对象在整个学习过程中的表现以及需要改进的地方，同时提出希望等；改变以往在学期结束之后的反馈，实行学习中的反馈。

此外，为了保证评价反馈机制的有效运行，相关部门还应建立体育教学优化评价反馈机制的监督机构，以便对学校体育教学优化评价反馈情况进行监督。通常来说，规章、条例制度可对评价主客体在评价活动中的行为起到约束和控制作用。为学校体育教学优化评价活动起到保驾护航的作用。评价的规章制度起着约束全校师生及相关工作人员在评价活动中的行为的作用，所以，学校相关部门应总结评价经验，深入调查听取广大师生的建议，建立实际可行的评价条例规章制度。另外，在健全规章制度的同时还要加大对规章制度的执行力度。

第九章　体育教学优化思想的革新与发展

第一节　体育教学优化改革的教育思想

体育教学思想观念的创新能在很大程度上带动了体育教学的发展，促使体育教学向着科学化、先进化的方向发展。通过对近现代国内外体育教育发展的研究表明，体育教学要想取得良好的发展，没有一个先进的、符合现代教学要求的体育教学思想是根本行不通的。多年来，我国体育教学工作研究者对体育教学的目标、任务、方法、手段等问题展开了深入而具体的研究，这在很大程度上推动了我国体育教学的发展。

一、近现代体育教育思想的形成

（一）自然主义体育教育思想

欧洲文艺复兴时期，自然主义体育教育思想诞生。这一教育思想的基本原则是体育教育应以"自然教育"为中心，依据自然原则利用自然手段对儿童进行合乎自然的体育教育，要根据儿童的兴趣和需要来合理选择体育教育的内容。另外，本理论还认为要想使儿童成为一个全面发展的人，就必须将儿童置身于大自然中，让儿童在大自然中获得进一步的发展。这一教育思想在历史上延续了数百年，影响力甚远。这一思想观念既有优点，又有缺点，具体表现如下：

1. 自然主义体育教育思想的优点

第一，它充分肯定了体育在人的成长过程中的作用及意义，并提出了一套自然主义的体育方法，能促进人类自身良好的发展。

第二，它注意到了兴趣和需要（人的心理）在体育教育中的作用，在当时具有一定的先进性，在现代教育观念中也有着不可磨灭的作用。

2. 自然主义体育教育思想的缺点

第一，它以"本能论"为立论基础，认为人的兴趣和需要也都是源于人的本能，具有一定的片面性。

第二，把体育混同为教育，突出强调了文化教育功能，而忽视了增强体质这一体育的本质功能和主要目的。这种错误的认识导致体育教学中出现"放任自流"的现象，进而导致人们对体育的教育性和科学性产生怀疑和误解，不能科学地认识体育的本质。

（二）体质教育思想

体质教育思想的基本观点是体质教育的根本目的就是增强体质，促进健康，使学生的身体形态、机能和基本活动能力得到全面的发展。体质教育与强身健体之间是密不可分的，体育教育的真正意义就在于增强人的体质、完善人的身体，这也是体育区别于德育、智育和美育的地方。这一观点让人们充分认识到了体育教育的特殊功能——增强体质、完善身体，对发展学生体质、增进学生健康起到了非常重要的作用。但在这种教育思想下，教学目标过于狭窄，教学模式过于单一和刻板，过分强调了体育教育的生物属性和身体发展性，从而忽视了体育教育的教养性和教育性，这种做法是不可取的。

（三）折中主义体育教育思想

这一教育思想的基本观点是：在体育教育过程中，一方面要坚持"技术观"，另一方面要坚持"体质观"，这是自然主义教育和体质教育的综合。这一教育思想认为，体育教育要试图克服上述两种体育教育模式的不足而各取所长，但它也在一定程度上导致了体育教育思想的混乱，学生既要实现技术水平的提高，又要实现体质的增强，这是一个比较难以解决的问题。因此，寻求一种科学的教育思想观成为现代教育的需求。

二、新课程改革下的体育教育思想

随着课程改革的不断进行，体育教育思想发生了很大程度的转变，这极大地促进了体育教育的发展。

（一）新课程改革下体育教育思想的转变

新课程改革下，体育教育思想发生了很大的转变，这些转变突出表现在以下六个方面：

1. 贯彻"健康第一"的指导思想

学校教育要树立"健康第一"的指导思想，切实加强体育教育工作。健康第一，不仅是学校教育的指导思想，同时也是体育教学改革的指导思想。合理的体育教学是以身体练习为主要手段，合理选择运动负荷，力求培养和提高学生的自尊、自信、意志及团队意识、合作精神、竞争能力、创新意识、人际交往等方面的能力，使其更好地适应于社会。现代先进的体育教育思想能把身体健康、心理健康与社会适应的目标与教学内容、方法及学习评价等较好地结合起来，从而形成良性互动。

2. 突出了学生学习中的主体地位

在体育教学中，学生是体育学习的主体。体育教育新课程标准强调要"以学生发展为中心，重视学生的主体地位"。主要表现在：比较重视自主学习、合作学习和探究学习等学习方式的运用促使学生主动积极地参与学习和锻炼；重视组织教法的创建，激发学生体育学习的兴趣，使学生获得积极的情感体验；尊重学生的个体差异，注意因材施教，使每一个学生都能学有所得；加强对学生的学法指导，重视学生自我评价与相互评价的运用，帮助学生学会学习，使得学生的主体地位得以确立，以学生为中心进行教学，才能促进学生全面的发展。

3. 注重创建良好的教学氛围与和谐的师生关系

新的体育教学思想注重运用情境教学、快乐教学、主题教学、体育游戏、激励性评价、师生互动、合作讨论等方法和手段来营造起良好的教学氛围，使学生能积极地投入到体育学习之中。和谐的师生关系是学生主动学习的前提之一，也是学生获得积极的情感体验的重要因素。现代先进的体育教育思想要求体育教师要关心学生，以身作则，发扬教学民主精神，倾听学生意见；学生尊敬教师，自觉维护课堂教学秩序，在课堂讨论中畅所欲言；师生之间、同学之间形成良好的教学气氛，从而促进教学水平的提高。

4. 关注学生的运动情感体验

在体育教学中，学生的情感体验非常重要。它是培养学生体育学习兴趣和终身体育意识的关键，同时是学生积极主动学习的重要条件，也是促进教学质量提高的重要因素。体育教学优化思想能根据学生心理活动的规律来组织教学，能满足学生的心理体验，提高学生的学习兴趣。

5. 重视课程资源的开发利用

新课程标准主要强调课程目标的统领作用，由体育教师根据学生的身心特点合理选择教学的内容与方法，这是符合体育教学实际的做法。在新的体育教育思想的指导下，一些体育教师还开发出一系列具有较强健身性和趣味性的教学内容，极大地提高了体育教学的质量。

6. 科学的体育学习评价

在体育教学评价中，多元学习评价是新体育课程改革的一个亮点，这种教学评价突出的是学生的自我评价与相互评价。其评价内容既注意了知识技能、运动参与和学习态度的评价，又注意了合作精神与情意表现的评价，能在很大程度上提高学生学习的积极性，促进教学水平的提高。

（二）新课程改革下的先进体育教育思想

随着现代教育的不断发展，涌现出了许多先进的教育思想，这些思想对我国体育教育的发展产生了深刻的影响，其中，影响力较大的有"终身体育"教育思想、人本主义教育思想等。下面主要阐述一下终身体育思想对我国体育教育的影响。

1. "终身体育"教育思想的概念

终身体育是指人在一生中都要进行身体锻炼和接受体育教育。具体来说，一个人从生命的开始到生命结束，都要适应环境与个人的需要，进行身体锻炼，以取得生存、生活、学习与工作的物质基础或条件。终身体育既是指人从生命开始至终结，在整个过程中都要参加体育活动，使体育成为日常生活中必不可少的内容，又是指人以正确的体育观与方法论指导人生的不同时期、不同生活领域中参加体育活动的实践过程。终身体育是思想意识和行为倾向的有机结合，体育意识是终身体育的思想基础。体育意识的强烈程度直接影响人们终身体育思想的形成。终身体育强调个体生命整个过程中不同时期的体育，即体育健身贯穿生命的全过程。经过一段时间的发展，这一思想逐渐确立了在体育教育中的地位，成为现代先进的体育教育思想。

一般来说，终身体育由相互联系、相互影响的学校体育、社区体育、家庭体育构成，共同作用于个人，并要求学校、家庭、社区均应开展体育活动，为人们提供参加体育活动的机会。终身体育贯穿于人的一生，对社会而言是全体国民的体育，二者的统一是终身体育追求的最高目标。

终身体育思想的形成是人类自身和社会发展的必然要求。在学校中开展体育教育，并向学生传递终身体育的理念，对于大学生的成长及让他们适应社会都具有重要的作用。

2.终身体育的特征

（1）体育活动时间的终身性

终身体育之所以是一种先进的教育思想，就在于它强调学习和掌握运动技能的观念，使学校体育教育获得了进一步发展和延续。终身体育要求根据个体生长发育、发展和衰退的规律和阶段特征进行科学的身体锻炼，体育活动要贯穿人的一生。

（2）体育活动群体的全民性

终身体育活动具有全民性的特点，这是指接受终身体育的所有人，在对象上有儿童、青少年、成人和老年人等；在范围上有学校体育、家庭体育、社会体育等。终身体育为指导开展全民健身运动，其实质是群众体育普及的进一步发展，以实现广泛普及化。在现代社会中，每一个人都要学会生存，而要学会生存则离不开体育。这是因为生存发展是时代的主流，要生存就必须会学习、运动锻炼和保健，人们要想更好地生活，就要把体育与生活紧密联系在一起，在参与体育活动中终身受益。

（3）体育活动目的的实效性

终身体育的最终目的是维护和改善人的生活质量，增进人的健康，使人延年益寿。终身体育是以适应个人发展和社会发展为根本着眼点的。人们为了改善自己的生活质量，根据自身条件合理选择适合自己的体育方式，做到有的放矢，具有较强的针对性和实效性。总之，终身体育活动有明确的目的，能促进自身的全面发展和终身发展。

3."终身体育"教育思想的意义

（1）提倡终身体育的思想满足现代化社会发展的需要

终身体育的一个重要目的就是增强体质，这也是我国社会主义体育事业最本质的特点。社会劳动力的构成都是由不同年龄段的人组成，都面临着如何保持身体健康和怎样适应社会分担的一份工作。提高劳动生产率，除了靠科学技术水平的提高，关键还是需要掌握科学技术的人创造物质产品，来满足人类生存发展的需要。要适应现代社会发展的需要，要保持身体经常处于最佳状态，就需要在人生的不同阶段选择不同的身体锻炼形式与内容。无论是何年龄段、何种职业，都面临着对它的选择，以保证自己身体更加健康，精力更加充沛，适应社会的发展变化及未来生活的需要，而这种伴随人生一起发展的体育就是终身体育。社会现代化程度的不断提高，现代人把经常从事身体锻炼作为生活方式的一个重要内容与标志，是人类文明发展的必然。全民族都能做到天天坚持身体锻炼，并养成自觉的锻炼习惯，反映了一个国家的文明程度，展示了现代人的生活方式，从而促进了社会的发展和进步。

（2）迎合终身教育思想，促进学校体育改革

终身体育不是只追求某一特定的运动技能和运动的熟练程度，而是具有分析自身的身体锻炼和运动实践的综合能力，注重培养学生对体育的爱好、兴趣，养成锻炼的习惯，注重学生掌握系统的体育基本理论知识和科学的身体锻炼方法以及检查评定方法，形成终身体育的意识、思想和能力、习惯，对学生自觉、自愿参加和组织体育活动的能力提出更高的要求。终身体育思想的提出促进了体育教学改革的进程，成为体育教学中重要的指导思想。

（3）满足体育生活化的要求

大众体育发展的动力是体育生活化，在现代社会，人们生活的价值容量在不

断地扩大，生活与体育之间的联系越来越密切，人们在每个阶段参与体育活动，能增强自己的体育意识，提高对体育活动的认识并形成自觉自愿的锻炼风气，这已经成为社会发展的必然。社会成员终身体育意识的形成对推动群众体育的开展，提高群众体育活动的兴趣，促进文化交流都具有重要的意义和作用。终身体育注重人的个体性，并且着眼于人一生中的不同年龄阶段、不同的生活环境、不同的职业特点来选择不同的内容和方法，采用不同的形式进行身体锻炼，可以终身受益。因此，大力倡导终身体育的观念，增强体质水平是实现体育生活化的社会发展的要求。

社会对体育的需求是体育发展的动力，经济的不断发展促进社会对体育的发展提出要求；同时，社会经济的发展也为体育事业的发展提供了经济投资的可能。终身体育就是在经济发展的条件下，不断向社会提供体育劳务这种特殊的体育消费品，人们通过体育活动，能达到强身健体、丰富业余文化生活、提高体能和心理素质的目的，从而促使人们更好地将精力投入到经济建设中，从而促进社会经济的发展。

第二节 体育教学优化的发展

一、体育教学优化发展背景分析

（一）社会经济的发展

体育的改革与发展主要依托于社会的进步和经济的发展，因此，社会经济的发展对体育及体育教学优化的发展具有重要影响作用，社会和经济的不断进步是现代体育及体育教学优化发展的重要现实背景。

目前，我国对教学设施的投入力度不断地加大，学校体育教学优化的物质环境得到了极大地完善，这对学校体育教学优化的发展具有重要的促进作用。

（二）教育事业的发展

体育的发展与改革是整个教育体系发展改革的重要部分，教育事业的不断发展是体育发展的重要背景之一。教育事业是我国各项事业当中最重要的一项，对国家的综合国力和未来发展具有重要的影响。随着人们对教育事业认识的加深，国家也采取了一系列措施来加强教育事业的发展。例如，《中国教育改革和发展纲要》指出，要进一步转变教育思想，对教学内容和教学方法进行改进，克服教育过程中不同程度存在的脱离经济建设和社会发展需要的现象。再如，国家颁布的《中共中央、国务院关于深化教育改革全面推进素质教育的决定》强调，健康体魄是青少年为祖国和人民服务的基本前提，是我们中华民族旺盛生命力的体现。当前，体育作为素质教育改革的一个占据着非常主要地位的方面，在政府的指导、国家的支持、社会多方面关注下体育教学优化工作无论是在教学观念上，还是在教学形式、教学内容上，都取得了新的突破，为体育教学优化的发展提供了十分有利的条件。

（三）体育事业的发展

当前，我国体育事业的良好发展态势在全国各地都营造出了良好的体育气氛，对带动体育的持续发展有重要推动作用。

一方面，我国运动员在体育赛事中的辉煌成就促进了人们对体育事业的兴趣。另一方面，体育产业的蓬勃发展对于体育人才也有着更加强烈的需求，这些都促使着学校体育进行更为深入的改革。

二、体育教学优化的对策发展

在全面推进的教育改革中，教育指导思想是改革的先导，作为课程体系重要组成部分的教学内容是改革的核心和切入点。教学改革只有进入了课程改革的阶段，改革才算进入了实质性的阶段。

（一）以终身体育为体育教学优化发展指导思想

终身体育是指将体育纳入自己的生活，并伴随人的一生。终身体育思想的树立和形成能有效促进我国体育教学优化的发展。

树立终身体育观念是体育教学优化目标改革的指导思想，也是体育教学优化发展的落脚点。终身体育能否实现，在很大程度上取决于这种观念的树立和能力是否形成。当下，树立终身体育的观念要求教师正确引导学生科学地认识和理解体育的价值，端正学习体育的态度，积极学会体育活动的技能，掌握体育活动效果评价的方法，形成终身体育能力，为终身体育活动奠定了基础。

（二）以课程目标调整为体育教学优化发展重点

首先，把增强学生体质、提高学生的健康水平作为体育教学优化的首要目标，这是体育的本质属性所决定的。调整体育教学优化课程目标首先要注重学生的个性发展。体育教师应尊重学生在体育教学优化中的主体地位，将促进学生的个体发展作为促进当前体育教学优化发展的重要切入点，培养学生的竞争意识和创造能力，发展学生健康的个性。其次，重视体育知识、技能和方法的掌握。体育的知识、技能和方法是构成学生体育素养的基本要素，因此，具有积极的体育动机和良好的体育素养能为今后学生开展相关的体育活动打下良好基础。

（三）以丰富教学内容为体育教学优化发展途径

丰富体育教学优化内容、实现体育教学优化内容的不断创新是促进体育教学优化发展的重要途径。要求体育教师在教学中应重视以下三点：

第一，突出体育教学优化内容的科学性和逻辑性。在体育教学优化课程设计的不同阶段，体育教学优化内容应符合教育的内在规律和学生的身心发育特点与学生的身心发展规律相符。

第二，重视体育教学优化内容的多样性和趣味性。一方面，多样性的体育教学优化能够为学生提供较充分的选择空间，而不是每个学生都必须学习很多统一的内容。另一方面，增加体育教学优化内容的趣味性有助于提高学生的学习积极性和主动性，引导学生认识体育教学优化内容体育活动的价值。

第三，提高体育教学优化内容的通用性和民族性。一是通用性指教学内容具有统一的规范，适用于各种类型的学生，这是体育教学优化内容的主体。二是体育教学优化内容的民族性是指教学内容应吸收那些学生喜闻乐见、兴趣浓厚、具有明显地方色彩的民族或乡土体育运动项目。

（四）建立综合性教学体系

学生是体育教学优化的主体，体育教学优化要围绕促进学生的全面发展建立起综合性的体育教学优化体系。具体来说，综合性体育教学优化体系的建立必须以满足学生个体发展的需要和社会需要为前提。实际上学生的个体需要和社会需要是辩证统一的。社会需要从某种意义上来说就是所有个体发展的需要。而从体育的角度来说，通过体育教学优化促进学生个体身体素质的全面发展和良好心理健康状态、个性心理特征的形成，使学生发展成一个融知识、品格、能力为一体的综合性人才。

参考文献

[1] 张春兴 . 现代心理学 [M]. 上海：上海人民出版社，1994.

[2] 周西宽 . 体育基本理论 [M]. 北京：人民体育出版社，2006.

[3] 字词语辞书编研组 . 新编现代汉语词典 [M]. 长沙：湖南教育出版社，2016.

[4] 曲宗湖，杨文轩 . 课外体育新视野 [M]. 北京：人民体育出版社，1999.

[5] 毛振明 . 探索成功的体育教学 [M]. 北京：北京体育大学出版社，2001.

[6] 曲宗湖，杨文轩 . 学校体育教学探索 [M]. 北京：人民体育出版社，2000.

[7] 曲宗湖，杨文轩 . 现代社会与学校体育 [M]. 北京：人民体育出版社，1999.

[8] 毛振明 . 体育教学科学化探索 [M]. 北京：高等教育出版社，1999.

[9] 唐炎，宋会君 . 体育教师教育论 [M]. 重庆：西南师范大学出版社，2006.

[10] 周登嵩 . 学校体育学 [M]. 北京：人民体育出版社，2004.

[11] 毛振明 . 体育教学论 [M]. 北京：高等教育出版社，2000.

[12] 李祥 . 学校体育学 [M]. 北京：高等教育出版社，1999.

[13] 曲宗湖，尚大光，施利东，等 . 从群众体育发展看农村学校体育教育目标定位 [J]. 北京体育师范学院学报，1999（4）：29-33.

[14] 刘进平 . 试析体育活动与个体差异 [J]. 中国学校体育，2000（4）：62.

[15] 吴忠义 . 对我国体育教学理论的探讨 [J]. 体育科学，1998（2）：2.

[16] 张建平 . 论体育教育理念的三个层次 [J]. 成都体育学院学报，2002（5）：57-59.

[17] 毕首金 . 发挥农村优势，丰富体育活动 [J]. 云南教育，2002（1）：77.

[18] 孙兴林 . 学校体育实施素质教育的作用与途径 [J]. 继续教育研究，2001（4）：67–68.

[19] 牟方新 . 体育教学中培养学生创新意识的技巧 [J]. 中国学校体育，2000（2）：20.

[20] 徐文 . 义务教育资源配置的产权分析 [J]. 教育与经济，2003（2）：39–44.

[21] 李建平 . 新课程 新创意 [J]. 教育发展研究，2002（3）：7.

[22] 张力为，任未多 . 体育运动心理学研究进展 [M]. 北京：高等教育出版社，2009.

[23] 刘次林 . 幸福教育论 [M]. 南京：南京师范大学出版社，1999.

[24] 沈建敏 . 体育教学创新与运动训练研究 [M]. 北京：新华出版社，2018.

[25] 顾长海 . 现代运动训练理论与实践研究 [M]. 上海：同济大学出版社，2018.

[26] 叶应满，王洪，韩学民 . 现代运动训练的理论分析与科学方法研究 [M]. 成都：电子科技大学出版社，2017.

[27] 刘欣然，李孟华，陈安顺 . 古希腊体育中的教育思想与实践 [J]. 成都体育学院学报，2015，41（2）：69–74.

[28] 毛振明 . 学校体育发展史 [M]. 桂林：广西师范大学出版社，2005.

[29] 钱乘旦 . 西方那一块土：钱乘旦讲西方文化通论 [M]. 北京：北京大学出版社，2015.

[30] 次春雷，张晓华 . 中世纪基督教对体育发展的历史影响 [J]. 沈阳体育学院学报，2015，34（4）：58–62.

[31] 吴式颖 . 外国教育史教程 [M]. 北京：人民教育出版社，1999.

[32] 罗映清，曲宗湖，刘绍曾，等 . 学校体育学 [M]. 北京：北京体育大学出版社，1990.

[33] 滕大春，姜文闵 . 外国教育通史（第二卷）[M]. 济南：山东教育出版社，1989.

[34] 杨海庆．西方近代体育思想史研究 [D].苏州：苏州大学，2015.

[35] 赵荣昌，张济正．外国教育论著选 [M].南京：江苏教育出版社，1990.

[36] 约翰·洛克．教育漫话 [M].北京：人民教育出版社，2006.

[37] 卢梭·爱弥尔．论教育 [M].北京：人民教育出版社，2001.

[38] 刘昕．现代国外教学思想与我国体育教学 [M].北京：教育科学出版社，

2011.